社会主义核心价值体系
引领社会思潮的途径

WAYS FOR THE CORE
SOCIALIST VALUES TO GUIDE
THE SOCIAL IDEOLOGICAL TRENDS

张博颖 | 主编

天津出版传媒集团

天津人民出版社

图书在版编目（CIP）数据

社会主义核心价值体系引领社会思潮的途径／张博颖主编. -- 天津:天津人民出版社,2019.12
ISBN 978 - 7 - 201 - 15809 - 9

Ⅰ.①社… Ⅱ.①张… Ⅲ.①社会主义核心价值观—研究—中国 Ⅳ.①D616

中国版本图书馆 CIP 数据核字(2019)第 300991 号

社会主义核心价值体系引领社会思潮的途径
SHEHUIZHUYI HEXIN JIAZHI TIXI YINLING SHEHUI SICHAO DE TUJING

出　　版	天津人民出版社
出 版 人	刘　庆
地　　址	天津市和平区西康路 35 号康岳大厦
邮政编码	300051
邮购电话	(022)23332469
电子信箱	reader@ tjrmcbs.com

责任编辑	杨　舒
装帧设计	王　烨

印　　刷	天津市天办行通数码印刷有限公司
经　　销	新华书店
开　　本	710 毫米×1000 毫米　1/16
印　　张	13
字　　数	170 千字
版次印次	2019 年 12 月第 1 版　2019 年 12 月第 1 次印刷
定　　价	48.00 元

前　言

　　从党的十六届六中全会至今,坚持社会主义核心价值体系,用社会主义核心价值体系引领社会思潮,培育和践行社会主义核心价值观,就一直是我们党高度重视的社会主义文化建设的重要内容。党的十六届六中全会首次提出要建设社会主义核心价值体系,强调要坚持以社会主义核心价值体系引领社会思潮,尊重差异,包容多样,最大限度地形成社会思想共识。党的十七大提出,社会主义核心价值体系是社会主义意识形态的本质体现,强调要积极探索用社会主义核心价值体系引领社会思潮的有效途径。党的十八大进一步强调,社会主义核心价值体系是兴国之魂,决定着中国特色社会主义发展方向。要深入开展社会主义核心价值体系学习教育,用社会主义核心价值体系引领社会思潮、凝聚社会共识。党的十九大把"坚持社会主义核心价值体系"作为新时代坚持和发展中国特色社会主义的基本方略之一,提出必须坚持马克思主义,牢固树立共产主义远大理想和中国特色社会主义共同理想,培育和践行社会主义核心价值观,不断增强意识形态领域主导权和话语权。这些彰显了我们党长期以来对建设社会主义核心价值体系的高度重视,为我们持之以恒地坚持社会主义核心价值体系、建设社会主义文化强国指明了方向,为决胜全面建成小康社会、实现中华民族伟大复兴的中国梦提供强大的精神动力。

坚持社会主义核心价值体系,用社会主义核心价值体系引领社会思潮的一个重要问题就是途径问题,途径问题关乎社会主义核心价值体系和社会主义核心价值观功能、作用的发挥,关乎全社会思想共识的形成,关乎中国精神、中国价值、中国力量的构筑。只有加快建设社会主义核心价值体系,积极培育和践行社会主义核心价值观,努力探索社会主义核心价值体系引领社会思潮的有效途径,才能使社会主义核心价值体系和社会主义核心价值观更好地为建设社会主义先进文化服务,为党和国家事业发展服务,才能不断巩固全党全国各族人民团结奋斗的共同思想道德基础,才能加快实现中华民族伟大复兴的中国梦。

本书立足于习近平总书记在党的十九大报告中所提出的"坚持社会主义核心价值体系"的基本方略,力图科学、准确把握社会主义核心价值体系引领社会思潮的内在规律。在对社会主义核心价值体系建设问题进行研究的基础上,剖析当代中国社会思潮的相关问题,探讨社会主义核心价值体系与社会思潮的关系,阐述教育、精神文明、党的建设和法治等对引领社会思潮的重要作用,以及社会主义核心价值体系和价值观引领社会思潮的种种有效途径,既纵观历史,又跟踪现实,试图对推动新时代社会主义核心价值体系建设,对巩固全党全国各族人民团结奋斗的共同思想道德基础,发挥理论工作者应有的作用。

张博颖

2019 年 12 月

目　录

▶第一章
社会主义核心价值体系若干基本问题

一、价值观与核心价值观

价值作为一个关系范畴,是指人们在认识和改造世界的过程中形成的一种满足与被满足的关系,表示事物与人的需要之间的关系。张岱年将价值区分为内在价值和功用价值,认为满足需要的价值可称为功用价值,而人类的价值、人格的价值、生命的价值则属于内在价值。[①] 价值观就是主体对价值的反映,是主体以自身的需要为尺度,对外在于自身的事物或现象所蕴含意义的认识和评价,表现形式包括不自觉的价值心理(欲望、动机、兴趣、情绪、情感等)和自觉的价值思想观念(理想、信念、信仰等)两个层面。价值观主要包括三个方面的内容:一是对价值主体的确认,二是对现实价值的认识、体验和态度,三是对理想价值的追求。[②]

如果说价值观是对主客体之间的价值关系进行整合而形成的观念形态,那么核心价值观就是一个社会中居统治地位、起支配作

---

① 张岱年:"论价值与价值观",《中国社会科学院研究生报》,1996 年第 6 期。
② 张建云:"马克思主义'价值观'范畴的深层解读",《学术论坛》,2017 年第 1 期。

用的核心理念,集中体现社会主体的愿望、要求、理想、需要、利益等,也是一个社会必须长期普遍遵循的基本价值准则,因此具有相对稳定的特点。当代中国的核心价值体系只能是社会主义核心价值体系。社会主义核心价值观是社会主义核心价值体系的内核,体现社会主义核心价值体系的根本性质和基本特征,反映社会主义核心价值体系的丰富内涵和实践要求,是社会主义核心价值体系的高度凝练和集中表达,是对中国优秀传统文化的创造性发展,在社会主义价值体系中居主导地位,起指导作用。社会主义核心价值观事关社会主义意识形态和精神文明建设的成效,事关中国特色社会主义理论和实践的发展,事关经济社会协调发展与全面进步。党的十八大从社会主义核心价值体系中进一步提炼社会主义核心价值观,用 24 个字概括提炼了社会主义核心价值观,是对社会主义核心价值观的最新概括,要求从国家、社会、个人三个层面大力提升人们对社会主义核心价值观的认同,大力倡导富强、民主、文明、和谐,倡导自由、平等、公正、法治,倡导爱国、敬业、诚信、友善。积极培育和践行社会主义核心价值观,总体上突出并强化了社会主义核心价值体系建设这一战略任务和努力方向,明确了社会主义核心价值观的基本内容,有力地拓展了社会主义核心价值体系建设的视野和空间,对新形势下如何培育和践行社会主义核心价值观、对社会主义核心价值体系建设做出了新部署、新要求。党的十九大报告强调要坚持社会主义核心价值体系,明确要求必须坚持马克思主义,牢固树立共产主义远大理想和中国特色社会主义共同理想,培育和践行社会主义核心价值观,不断增强意识形态领域主导权和话语权,这些都是当前和今后一个时期社会主义核心价值体系建设必须切实贯彻落实的重大任务。

二、社会主义核心价值体系的内涵、基本内容及其内在联系

（一）内涵

党的十六届六中全会通过的《中共中央关于构建社会主义和谐社会若干重大问题的决定》（以下简称《决定》）正式提出了建设社会主义核心价值体系的重大任务。社会主义核心价值体系是反映社会主义经济、政治和文化制度要求的核心思想意识和价值观念，是社会主义先进文化的核心内容，全面体现了社会主义意识形态的本质要求，属于系统化的核心价值理论。社会主义核心价值体系是由马克思主义指导思想、中国特色社会主义共同理想、以爱国主义为核心的民族精神和以改革创新为核心的时代精神、社会主义荣辱观共同构成的科学价值体系，系统回答了当前和今后时期高擎什么思想旗帜、坚持什么发展道路、追求什么精神风貌、遵循什么道德规范等一系列重大理论和实践问题。建设社会主义核心价值体系，是我们党在当代中国经济体制深刻变革、社会结构深刻变动、利益格局深刻调整、思想观念深刻变化情况下理论创新的产物。《决定》强调："坚持以社会主义核心价值体系引领社会思潮，尊重差异，包容多样，最大限度地形成社会思想共识。"[1]社会主义核心价值体系为当代中国人民确立了价值取舍的框架体系。

任何一种社会制度、任何一个国家都十分重视自己的核心意

---

[1] "中共中央关于构建社会主义和谐社会若干重大问题的决定"，《人民日报》，2006 年 10 月 19 日。

识形态建设。核心意识形态建设是确保社会系统得以运转、社会秩序得以维持的基本精神依托；核心意识形态建设是维护统治阶级利益、统一社会各阶层思想、凝聚人心不可忽视的重要的途径。[①]马克思主义对意识形态的本质和作用有着深刻的分析。马克思、恩格斯曾指出，"统治阶级的思想在每一时代都是占统治地位的思想……占统治地位的思想不过是占统治地位的物质关系在观念上的表现，不过是以思想的形式表现出来的占统治地位的物质关系；因而，这就是那些使某一个阶级成为统治阶级的关系在观念上的表现，因而这也就是这个阶级的统治的思想"[②]。我们国家是人民民主专政的社会主义国家，以生产资料公有制为主体，这样一种政治、经济的特点就决定了我们国家意识形态的社会主义文化性质。我们党提出以社会主义核心价值体系引领社会思潮，是对国内国际形势冷静分析、审时度势作出的科学判断和战略决策，体现了我们党在经济、政治、社会、文化等协调发展过程中，对文化建设的高度重视，对人的内在精神世界的人文关怀，对人的全面发展的高度关注，以及对社会思想道德基础的深刻思考。

（二）基本内容

马克思主义指导思想、中国特色社会主义共同理想、以爱国主义为核心的民族精神和以改革创新为核心的时代精神、社会主义荣辱观，这些社会主义核心价值观的基本内容与民众观念意识有着密切的联系，有着很强的针对性。用社会主义核心价值体系引领社会思潮，就要在这四个基本方面下功夫，努力使人民群众发挥

---

① 张博颖："以社会主义核心价值体系引领当代社会思潮"，《伦理学研究》，2007 年第 4 期。
② 《马克思恩格斯选集》（第一卷），人民出版社，1995 年，第 100 页。

道德主体的自觉性,使其在思想、观念、行为上,用社会主义核心价值体系要求自己,做核心价值体系思想上的认同者和行动上的践行者。

1. 马克思主义指导思想

马克思主义是科学的世界观和方法论,是关于自然界、人类社会和思维最一般规律的概括,是我们改造主观世界和客观世界的锐利思想武器。马克思主义作为我们党和国家的指导思想,写进了党章和宪法。在社会主义核心价值体系研究中,有的研究者把马克思主义仅仅看作政治上或者对社会科学理论研究的指导思想,而把它与民众意识结合起来进行审视的研究相对少了些。实际上,马克思主义作为一种真理应该与民众的思维、生活相结合,从而提高人们的科学思维水平。诚然,广大普通民众确实不容易做到深入领悟、参透马克思主义,这恰恰说明马克思主义大众化是无论如何都需要努力推进的,这是提高中华民族整体思维水平的重要途径之一,我们目前在这方面仍有大量的工作需要做。马克思主义大众化在发展社会主义市场经济的今天十分有必要继续大力开展。正如党的十八大以来习近平总书记多次强调的,"马克思主义是我们立党立国的根本指导思想。在坚持马克思主义指导地位这一根本问题上,我们必须坚定不移,任何时候任何情况下都不能有丝毫动摇"①。同时还应明确的是,马克思主义不能被局限在理论工作者、大学生、党政工作人员等狭小的圈子中。在当今文化日益多元化的今天,我们更应高度重视马克思主义教育、宣传等大众化问题。马克思主义不仅要进课堂、进学生头脑、进党员干部头

———————————

① "习近平在庆祝中国共产党成立95周年大会上的讲话",《人民日报》,2016年7月2日。

脑,还要努力使其进全体大众头脑、与普通民众的生活和思维方式发生联系。否则,民众意识和思维空间就有可能被其他社会思潮所占据。

强调马克思主义大众化,还涉及对马克思主义的信仰问题。马克思主义既然是我们国家的指导思想,那就应该使广大民众尽可能广泛、深入地学习这一指导思想,并以其为指导解决好世界观、人生观、价值观这一"总开关"问题。此外,由于马克思主义是科学的世界观和方法论,它也应该成为人们的一种信仰。信仰是人的一种必要的精神生活和活动。只有大力宣传和普及马克思主义及其中国化理论成果,特别是其最新理论成果——习近平新时代中国特色社会主义思想,回答、解决广大人民群众在现实生活中遇到的思想认识问题,使马克思主义与民众生活发生联系,民众对马克思主义的信仰才会越来越牢固。具体来说,应该大力加强马克思主义大众化教育内容建设,以及相关领域教育人才的培养,对相关领域的大众化教育研究成果给予充分、科学的社会性评价和专业性评价,用政策、制度保障并鼓励教育者、研究者在马克思主义大众化进程中不断做出探索和努力,以促进马克思主义大众化的深入推进。加强民众的马克思主义信仰能够排除那些非马克思主义思潮对人们信仰领域的挤占,能够有力抵制各种错误和腐朽思想的影响,从而使马克思主义深入人心,进而不断增强社会主义意识形态的吸引力和凝聚力。

2. 中国特色社会主义共同理想

这里的"共同理想"是从中华民族共同体的理想信念这一层面来说的。中华民族要实现一种什么样的发展目标,实现一种什么样的存在和生活方式,是事关民族现实与未来前景的大问题。每个国家或者民族都有自己的理想，民族理想的确立，不是凭空杜撰的，而是建立在科学的指导理论与每个国家或民族长期的实践基础之上的。中国特色社会主义是建立在马克思主义科学的世界观基础上的，是中国人民的正确的选择。坚定中国特色社会主义共同理想，是中华民族安身立命的根本。崇高的共产主义理想和坚定的中国特色社会主义信念，始终是激励和鼓舞中华民族团结奋斗的精神动力。历史和现实都表明，在中国走其他的道路是走不通的，中国特色社会主义是中华民族的必然选择，它构成了我们民族的共同理想，构筑了维系、支撑中华民族共同奋斗的精神力量。有了这样一种共同的理想，全国人民就有了共同奋斗的信念，就有了团结奋进的目标。

中国特色社会主义是改革开放以来党的全部理论和实践的主题，是党和人民历尽千辛万苦、付出巨大代价取得的根本成就，是马克思主义与当代中国实际相结合的产物。它把对马克思主义的坚持与发展紧密联系起来，中国特色社会主义实践已经向世人展示了当代中国的蓬勃生机。习近平总书记在中央政治局集体学习时曾强调，对马克思主义的信仰，对社会主义和共产主义的信念，是中国共产党人的政治灵魂，是中国共产党人经受住任何考验的精神支柱。如果理想信念不坚定，不相信马克思主义，不相信中国特色社会主义，这样的干部即使能耐再大也不是我们党需要的好干部。此外，不仅党员干部需要坚定中国特色社会主义理想信念，广大人民群众同样也需要坚定中国特色社会主义共同理想，只有如此，才能汇聚起实现中华民族伟大复兴的磅礴伟力。虽然在新的实践探索过程中，必然会遇到这样或那样的问题，但不能因为这些问题的出现而动摇社会主义的理想和信念。我们应始终坚信，在中国共产党的领导下,中国人民一定能够解决前进道路上出现的各种各样的问题。在当前全面深化改革的进程中,由于体制转轨,以及各种复杂矛盾和问题的存在,一些群众可能会有不同的意见和想法,甚至对中国特色社会主义共同理想产生淡化,这就需要我们在制定路线、方针、政策时,要从广大人民群众的根本利益出发,真正做到一切为了人民,一切依靠人民,把人民对美好生活的向往作为工作的奋斗目标,把群众满意不满意作为衡量工作的试金石,树立正确的政绩观,积极想办法解决群众生产和生活中的实际问题。

理想既要靠宣传、教育,也需要在制度建设和实际利益上为人民群众着想,让人民群众在中国特色社会主义现代化建设中得到实惠,共享改革发展的成果,这样共同理想才会成为人民群众心中牢不可破的理想。此外,中国特色社会主义是中国人民的必然选择,它的建设规律也需要我们以马克思主义为指导,不断地进行总结和深入探讨,理论研究工作者也肩负着重要的职责。理论研究工作者首先要坚定中国特色社会主义的理想信念,而不是什么别的"主义",要始终坚信中国特色社会主义是我们国家实现富强、民主、文明、和谐、美丽的社会主义现代化强国的必由之路,中国特色社会主义共同理想是凝聚中华民族不断前进的思想基础。

3. 以爱国主义为核心的民族精神和以改革创新为核心的时代精神

民族的强盛离不开精神的支撑。民族精神彰显了一个民族从历史到现在所具有的精神品质,它把一个民族的过去和现在紧紧联系在一起,既可以从中审视一个民族既往的精神风貌,也可以从中判别一个民族在当下和未来的道义品性和情怀担当。同时它作为一种精神财富也涵育着当代人的心灵世界,成为当代人承担责任、奋力前行的精神动力。在五千多年不间断的历史发展中,中华民族形成了以爱国主义为核心的团结统一、爱好和平、勤劳勇敢、自强不息的伟大民族精神。党领导人民在长期的中国特色社会主义现代化建设实践中,始终传承并不断丰富这种宝贵的民族精神。2018 年,习近平总书记再次用"伟大创造精神、伟大奋斗精神、伟大团结精神、伟大梦想精神"创造性阐释了中华民族精神。持久、深沉、有力量的伟大民族精神,作为中华民族基因和精神族谱的重要组成部分,已深深根植于每一个中国人民的心中,成为中华民族团结奋斗、自强不息的精神纽带。正如习近平总书记所强调的,"对每一个中国人来说,爱国是本分,也是职责,是心之所系、情之所归"①。站在新的历史起点上,每一名中华儿女都应坚持弘扬以爱国主义为核心的伟大民族精神,坚持弘扬伟大创造精神、伟大奋斗精神、伟大团结精神、伟大梦想精神,树立报国之志,夯实爱国之情,增强民族认同感与自豪感,不断将报国之志、爱国之情融入进行伟大斗争、建设伟大工程、推进伟大事业、实现伟大梦想的伟大奋斗之中,为推进中华民族伟大复兴贡献个人的力量。

时代精神是一个社会在创造性实践活动中所体现出来的,反映社会前进脉搏和主导方向、体现时代风貌的思想观念和精神品格。它是对一个社会富有时代特征的价值取向、道德规范和行为方式的综合概括。以改革创新为核心的时代精神,是中华民族富于改革进取的精神品性、马克思主义与时俱进的理论特征与中国革命、建设、改革实践相结合的伟大成果,是推动中华民族阔步前

①　"习近平在北京大学师生座谈会上的讲话",《人民日报》,2018 年 5 月 3 日。

行的重要动力。改革开放以来,在中国特色社会主义现代化建设的进程中,广大人民群众在党的正确领导下,敢为人先、锐意进取的创新精神不断迸发,不仅创造了巨大的物质财富,而且也逐渐形成了以改革创新为核心的时代精神。只有改革创新才能摆脱旧有的束缚,才会实现新的发展,正是在改革创新时代精神的鼓舞下,中华民族创造了举世瞩目的发展成就,实现了从站起来、富起来到强起来的历史性飞跃。

以爱国主义为核心的民族精神和以改革创新为核心的时代精神,在实现中华民族伟大复兴的历史进程中,早已深深熔铸在中华民族的创造力和凝聚力之中,成为社会主义核心价值体系的精髓,成为现代化建设需求的社会主义核心价值体系的重要内容之一。新时代,站在改革开放新的历史起点上,我们比历史上任何时期都更接近、更有信心和能力实现中华民族伟大复兴的目标。同时也应清醒地看到,新时代的中国正经历着中华民族历史上最为广泛而深刻的社会变革,世情、国情、党情都发生了深刻变化,社会思潮和人们的思想观念都更加多样化,国内外环境也更加复杂多变。在此形势下,大力弘扬以爱国主义为核心的民族精神和以改革创新为核心的时代精神就显得更为重要。新时代,要把弘扬和培育民族精神和时代精神纳入国民教育、党员干部教育和精神文明建设的全过程,要使其占领一切思想文化阵地的制高点,要使其与改革开放和社会主义现代化建设实践相结合,并深深地融入经济、政治、文化、社会、生态文明和党的建设的各个方面,成为全国人民不断开创中国特色社会主义事业新局面的强大精神动力。

4. 社会主义荣辱观

荣辱感是人作为道德主体所具有的、重要的德性智慧的标志。

如果一个人荣辱不分，一个社会荣辱不明，那么人的素质、社会整体文明水准就很难达到理想的水平。以"八荣八耻"为主要内容的社会主义荣辱观为人们的行为价值取向树立了标杆。以"八荣八耻"为主要内容的社会主义荣辱观继承了我们党在建设中国特色社会主义实践过程中关于思想道德建设方面的理论成果，包含爱国主义、集体主义、社会主义的价值观，同时它又丰富和发展了我们党关于精神文明和道德建设的思想。它把对道德规范的要求和个人的美德、自尊、自爱、自荣感紧密联系起来。荣辱观的问题由于涉及人的基本道德观念和行为，因而在社会主义核心价值体系四个基本内容中，与民众意识有着更为密切的关系。特别是随着经济、社会的不断发展、变化，虽然人们的社会文明水平、人的精神素质也不断取得进步，但也有一些人在人生观、价值观、荣辱观方面产生了疑惑、盲从、是非不明、美丑不分的情况：有的人为了金钱可以不惜牺牲国家利益，有的人把甘于奉献的人当作傻瓜，有的人把奢侈淫逸视为大方、豪爽、活得值，有的人把遵纪守法看作缺乏魄力、循规蹈矩、难有大的作为等。在我们的社会生活中确实存在着荣辱不分、黑白颠倒的情况。令人担忧的是，对于一些本来为羞耻的事，有的人却以它为美、为时尚，津津乐道、去效仿、去比攀。以耻为荣、荣辱不分也是影响社会风气不正的温床。上述现象会蚀损个人乃至民族的精神素质，成为实现中华民族伟大复兴事业的内在精神障碍。所以对社会主义荣辱观的倡导不仅有着重要的现实价值，也有着深远的历史意义，关系着我们民族的文明道德水平和素质，关系着民族的精神竞争力。在全体公民中进行社会主义荣辱观教育，将为全面抵制不道德、不文明的观念和行为构筑起精神上的堤坝和防线。

（三）内在联系

社会主义核心价值体系的四个基本内容具有内在的紧密联系，是一个严谨的体系，体现着思想理论的科学性、对客观价值关系揭示的彻底性和对人民群众实践经验概括的准确性。马克思主义作为世界观和方法论具有高度的统辖性，它贯穿于社会主义共同理想、民族精神和时代精神、社会主义荣辱观之中。社会主义的共同理想是马克思主义关于人类社会发展学说的科学结论，是马克思主义为人类指明的通向更加美好的社会的必由之路。而中国特色社会主义是马克思主义与中国实际相结合之理论创新的产物，是中国人民对社会主义实现方式的具体探索和创新。以爱国主义为核心的民族精神和以改革创新为核心的时代精神，则是以马克思主义为指导对民族精神和时代精神的审视，是建设和发展中国特色社会主义过程中的民族精神财富的展现和发扬，以及对人民群众在新的伟大实践中的美好品格的提炼。社会主义荣辱观是中国马克思主义道德理论的新发展，是在发展中国特色社会主义征途上，对人的基本道德行为准则的概括。虽然四个基本内容在我国思想文化发展历程中，于不同年代被提出，但在今天社会结构深刻变动、社会观念深刻变化的条件下把它们凝结、概括在一起，绝不是权宜之计的组合，而是有着重要的时代意义和客观的现实要求，它们之间有着内在的紧密联系，具有理论上的完整性。

社会主义核心价值体系与人的价值需求、价值取向具有结构上的对应关系，反映和适应着人们对价值观的内在需要，这是社会主义核心价值体系引领力的社会根据。社会主义核心价值体系涉及指导思想、共同理想、民族精神和时代精神以及荣辱准则，这些价值观构成了较为系统的结构，同时它们与人的意识观念结构、价值需求结构紧密对应。马克思主义指导思想既是作为整体的政党、国家和民族为着理想和目标而选择的科学理论,同时对于个人而言,它与人的精神追求、世界观、人生观、价值观、信仰等紧密联系。一个缺乏科学理性指导的政党、国家和民族,将会迷失前进的方向,同样,缺乏科学理性指导的个体人,也易于在大是大非面前迷失人生的根本方向。社会主义共同理想中的"共同"虽然主要是从社会整体意义上来说的,但社会整体,如民族、群体、大众等又是由一个个的个体人组成的。共同理想实际上就是个体的社会理想。而民族精神和时代精神虽是以"民族"和"时代"的形式出现,其实它们也是以民族和时代中个体的实践、情感、理性为基础的。没有个体的实践、情感、理性就没有民族和时代的精神。社会主义荣辱观则是直接针对人的道德行为取向,是人们荣誉感和耻辱感的内在要求。指导思想、理想、民族与时代精神、荣辱观反映着人们对真、善、美的追求,与人们的知、情、意的文化心理结构及内在精神需要结构相呼应,反映了现时代人们的文化意愿,具有深厚的民众基础和强烈的感召力、吸引力、凝聚力。

三、社会主义核心价值体系是人民性、阶级性、科学性、价值性的统一

人民性、阶级性、科学性、价值性的统一是社会主义核心价值观的鲜明品格。社会主义核心价值体系的人民性是指它是属于广大人民群众的,体现了全国各族人民的核心利益和共同愿望,是为人民群众自由而全面发展服务的,主要表现在价值主体的人民性、价值目标的人民性和价值标准的人民性。社会主义核心价值体系

是立足于社会主义经济基础之上的价值认同系统,与我国的经济基础和政治制度相适应,把人的自由全面发展作为最高价值诉求,其出发点和落脚点是实现好、维护好、发展好最广大人民的根本利益,能够最大限度地激发人民群众的积极性、主动性、创造性,从而把价值力量转化为人民群众共同奋斗的物质力量。

社会主义核心价值体系具有非常鲜明的阶级性。马克思在《德意志意识形态》中把意识形态视作"统治阶级的思想","统治阶级的思想在每一时代都是占统治地位的思想"。意识形态尽管是以一种普遍性的面貌出现,但本质上终归是某个特定阶级的阶级意识的理论反映。自从马克思主义作为一种意识形态出现,它就是为了实现工人阶级的解放和整个人类的解放而存在的,社会主义核心价值体系的目标就是为无产阶级服务、为最广大的劳动人民群众服务,社会主义核心价值体系涵盖了社会主义政治、经济、文化、伦理的所有层面,包含了社会主义(共产主义)、集体主义及爱国主义思想,具有鲜明的阶级性。

社会主义核心价值体系的科学性是指它是以科学的世界观和方法论为指导,具有科学的基础,是价值观的系统化理论体系,它立足于中国特色社会主义伟大实践,扎根于中华文化历史土壤,着眼于吸收人类文明共同成果和价值共识,是内涵丰富、结构严密、特征鲜明的理论体系,它反映、适应时代进步要求,反映马克思主义中国化的最新成果,它以客观实际作为价值基础,以实事求是为价值前提,遵从社会发展的内在规律,特别是它集中反映了我们对共产党执政规律、社会主义建设规律、人类社会发展规律的深刻认识,实现了实践基础上的科学原则与价值原则的统一。

社会主义核心价值体系的价值性,是指它体现着价值的有用指向,就是对人民群众自由全面发展的有用性,就是作用于社会主义经济、政治、文化、社会和生态文明建设各个方面的有用性。社会主义核心价值体系作为居于统治、引导地位的社会价值体系,强调理想目标与现实过程的统一,它能够有效地制约非核心、非主导性社会思潮的价值作用的发挥,能够促进社会主义经济制度、政治制度、文化制度的稳定和发展。特别是在这个价值体系中,马克思主义是中国特色社会主义建设的理论基础和行动指南。中国特色社会主义共同理想是现阶段我国各族人民的共同理想,代表了当代中国发展进步的方向,集中体现了最广大人民的根本利益和共同愿望,是保证全体人民团结奋斗、克服困难的强大精神动力。

社会主义核心价值体系逻辑结构严谨,强调在实践基础上的科学原则与价值原则的统一,它的人民性、阶级性、科学性、价值性相互联系、渗透。马克思主义作为社会主义核心价值体系最根本的内容,是整个价值体系的基石和支柱,决定着社会主义核心价值体系的性质和方向,在社会主义核心价值体系中发挥着理论前提和思想指导作用。中国特色社会主义共同理想是社会主义核心价值体系的主题,规定着走中国特色社会主义道路,实现中华民族伟大复兴的追求。以爱国主义为核心的民族精神和以改革创新为核心的时代精神是社会主义核心价值体系的精髓。社会主义荣辱观是社会主义核心价值体系的基础和落脚点。上述四个方面相互依存、相互渗透、彼此支撑、不可分割。马克思主义为中国特色社会主义共同理想的实现提供科学理论指导,为社会主义荣辱观提供科学的价值判断标准。时代精神和民族精神的弘扬以及社会主义荣辱观对社会风尚的引领力、道德力,既是马克思主义与时俱进的体现,又为中国特色社会主义共同理想的实现提供精神动力。中国特色社会主义共同理想为民族精神和时代精神注入了时代主题,而中国特色社会主义事业又好又快地发展,进一步推动马克思主义中国化,又能使民族精神和时代精神及荣辱观在全社会得到进一步弘扬。

四、社会主义核心价值体系的功能

首先,社会主义核心价值体系具有认识功能。价值观是人们关于价值的根本看法和根本态度,表现为人们对于善恶、美丑、对错的主观判断。社会主义核心价值体系承继和浓缩了人类价值观思想的精华,不仅具有塑造思想、规范行为的作用,而且还具有理论的认识功能,即提供一种"认同",一种文化的、民族的、政治的共识,可以满足人们对价值观理论科学性的渴求。马克思主义本身就是伟大的认识工具,作为时代思想的精华,社会主义核心价值体系鲜明地回答了要建设什么样的国家、建设什么样的社会、培育什么样的公民的重大理论和现实问题,反映了当代社会实践发展水平,标志着我们党对中国特色社会主义事业认识的新境界,也是对马克思主义理论体系的一大贡献。社会主义核心价值体系具有强大的"说服力、感召力、引导力",因为它集中回答了我们为什么要坚持马克思主义指导地位,为什么要选择中国特色社会主义为共同理想的重大问题,科学反映了当代中国发展在价值取向和目标方向上的"最大公约数",科学反映了当代人们所普遍认同的价值理想、价值信念、价值尺度和价值原则,不仅为中国特色社会主义事业提供源源不断的精神动力和道德滋养,还为人们提供了认识世界的工具,为我们鉴别思想文化的政治属性提供了根本标准。

　　其次，社会主义核心价值体系具有导向功能。对社会主义核心价值体系的认同，本质上是一种意识形态的认同，就是对马克思主义意识形态的认同。党的十八大报告强调"要深入开展社会主义核心价值体系学习教育，用社会主义核心价值体系引领社会思潮、凝聚社会共识"，社会主义核心价值体系是社会主义中国的精神旗帜，具有十分鲜明的导向作用。社会主义核心价值体系四个方面的内容是一个有机的统一整体，相互联系、相互贯通、相互促进，内在地规定和制约着社会主义的发展模式、制度体制和目标任务。马克思主义既是我们党和国家的指导思想，又是引领社会思潮、抵制各种错误和腐朽思想、团结全党全国各族人民共同奋斗的强大思想武器。中国特色社会主义共同理想，作为理想和追求，解决的是"走什么道路、实现什么样目标"的问题，最大限度地促进和形成全社会的共识。民族精神和时代精神作为社会主义核心价值体系的精髓，解决的是"应当具备什么样的精神状态和精神风貌"的问题。以"八荣八耻"为主要内容的社会主义荣辱观是社会主义核心价值体系的具体化，是民族传统美德、优秀革命道德与时代精神的完美结合，既具有深刻的思想性，又具有多方面的实践性。它作为社会主义核心价值体系的基础，建立一系列道德规范的价值尺度，解决的是"人们的行为如何规范"的问题。"八荣八耻"的基本行为规范将社会价值目标和价值规则系统化、具体化、日常化，对人的思想行为具有鲜明的动力、导向和调节作用，使社会主义核心价值体系的践行具有具体的落脚点和行为载体。

　　最后，社会主义核心价值体系具有凝聚功能。社会主义核心价值体系在中国特色社会主义事业中处于中心地位，在其中发挥精神引领和灵魂统摄作用，能够最大限度地形成社会思想共识，把全民族的力量凝聚起来。任何社会都有自己的核心价值体系,它是国家制度的体现,是国家制度对人民的承诺、对人类前途命运的把握、对历史发展方向的定位。社会主义核心价值体系是立足于国情而又面向世界、立足于当前而又面向未来的,体现社会主义制度的内在精神和生命之魂,为社会成员提供规范依据和精神家园,对经济社会发展具有不可替代的稳定导向功能。社会主义核心价值体系在提高社会主义意识形态的吸引力和凝聚力、巩固全党全国各族人民团结奋斗的共同思想基础、实现中华民族伟大复兴方面,发挥着不可替代的凝聚作用。比如富强、民主、文明、和谐,正是国家治理体系现代化在经济发展、政治文明、文化繁荣、社会进步等方面逐步展开后的价值诉求,为中国特色社会主义事业开拓更加广阔的发展前景、夺取中国特色社会主义新胜利提供精神支撑,有助于在社会成员间达成一致的认识和共同的追求,形成巨大的凝聚力。党的十八大在加强社会主义核心价值体系建设的任务要求中,对社会主义核心价值观基本内容作出新概括,明确提出"倡导富强、民主、文明、和谐,倡导自由、平等、公正、法治,倡导爱国、敬业、诚信、友善,积极培育和践行社会主义核心价值观"。这个新概括与社会主义核心价值体系相一致、相协调,进一步把社会主义核心价值体系的精髓凝练为社会主义核心价值观。社会主义核心价值观是社会主义核心价值体系的内核,体现社会主义核心价值体系的根本性质和基本特征,反映社会主义核心价值体系的丰富内涵和实践要求。这是党的十六届六中全会提出建设社会主义核心价值体系以来将这一战略任务引向深入的重要举措,是推进中国特色社会主义伟大事业、实现中华民族伟大复兴的中国梦的总体战略设计。它要求在树立科学的世界观、方法论和认识论基础上,采取科学、合理、循序、包容的引领对策,占领道德制高点,掌握话语权,发挥对多样化的社会思潮的引领作用,把全民族的智慧和力量凝聚到实现"两个一百年"奋斗目标和建设中国特色社会主义的伟大事业中来,引领当然离不开对差异性和多样性的尊重和包容。

▶第二章
当代中国社会思潮相关问题

一、社会思潮及其地位、作用

社会思潮是一种常见的社会现象,也是社会意识的重要组成部分。随着改革开放的深入发展,我国出现了多种多样的社会思潮,"社会思潮"随即也成为我国社会的常用词语。因此弄清社会思潮的基本含义、类型、特征及其社会地位和作用就成为研究这一问题的首要前提。

(一)社会思潮基本内涵

早在20世纪初期,"思潮"就已成为我国思想文化领域中的一个流行词汇。梁启超在1902年《论时代思潮》一文中指出:"今之恒言,曰'时代思潮'",认为"思潮"已成时代的"恒言"。[①] 五四新文化运动时期,学者们广泛使用"思潮"一词。鲁迅称之为"新思想之潮流",胡适称"新思潮"为"评判的态度",[②]李大钊在《新旧思潮之激战》中把"宇宙的进化"归结为"新旧二种思潮"的"互相挽

---

① 梁启超:《清代学术概论》,中华书局,1954年,第55页。
② 《新思潮的意义》,见《胡适哲学思想资料》(上),华东师范大学出版社,1981年,第126页。

进,互相推演"。陈独秀、毛泽东等人也都使用过"思潮"一词。由于"思潮"都是社会生活实践的综合反映,普遍都具有社会性,因此一般都以"社会思潮"统称。改革开放以来,随着中国社会的深刻变化,"社会思潮"一词再次在我国思想文化领域流行起来。

学者们关于社会思潮的内涵一直有不同的理解和定义,概括来说,当前学术界关于社会思潮的理解大致有两种不同的类型:一类可以称为单元素论,一类可以称为综合类。

单元素论主要有三种观点:第一种观点认为,社会思潮是一种思想潮流。《辞海》认为,"思潮"指的是"某一历史时期内反映一定阶级或阶层的利益和要求的一种思想倾向"①。《哲学大辞典》把社会思潮界定为"反映特定环境中人们的某种利益或要求并对社会生活有广泛影响的思想趋势或倾向"②。有学者更明确地提出,社会思潮"是指在一定时期内、反映某一阶级或阶层的利益和要求,以某种理论学说为主导或依据,得到广泛传播并对社会生活产生一定影响的思想趋势或思想潮流"③。即从反映社会政治经济状况来看,社会思潮是一定社会的阶级、阶层利益和愿望的思想表现,也可以说是一种社会意识形态。青年马克思在 1843 年致卢格的信中曾说,"新思潮的优点又恰恰在于我们不想教条地预期未来,而只是想通过批判旧世界发现新世界"④。这也是在意识形态的意义上使用"思潮"一词。第二种观点认为,社会思潮是偏重于

---

① 上海辞书出版社编:《辞海》(缩印本),上海辞书出版社,1979 年,第 1676 页。

② 《哲学大辞典·马克思主义哲学》编辑委员会编:《哲学大辞典·马克思主义哲学》,上海辞书出版社,1990 年。

③ 孙晓晖:"改革开放以来我国社会思潮的境遇、演变与走向",《江西社会科学》,2012 年第 11 期。

④ 《马克思恩格斯文集》(第十卷),人民出版社,2009 年,第 7 页。

社会心理的社会现象。社会思潮是某个或多个社会阶层在一个特定时期内显现出来的价值取向,也构成一种社会心理。它是国民情绪的重要反映,并通过不同的载体表现为某种具体形态,是国民思想动态的晴雨表。第三种观点认为,社会思潮作为一种社会意识,是社会心理与意识形态的中间环节。这种观点把社会意识划分为社会心理、社会思潮与社会意识形态三个层次,认为"社会思潮是处于中间层次的社会意识。它是在某一个历史时期席卷一定阶级或阶层的一代人乃至许多代人的、具有普遍性的思想倾向"①。持这一观点的学者认为,社会心理、社会思潮与社会意识形态三者之间既有联系又有差别,它"比社会心理有较多的理性因素较少的心理因素,而比思想体系则有较少的理性因素较多的心理因素"②,因此社会思潮是社会心理和思想体系之间的中介,处于承上启下的地位。上述三种观点分别把社会思潮定位于社会意识的某一种形态,并把这种形态定义为社会思潮。

另一类可以说是上述三种观点的综合,认为社会思潮集思想、心理和意识形态于一体,是社会思想文化、社会心理和社会意识形态的综合,不同社会思潮侧重点各有不同。梁启超是中国较早研究社会思潮问题的学者之一,他指出:"凡文化发展之国,其国民于一时期中,因环境之变迁,与夫心理之感召,不期而思想之进路,同趋于一方向,于是相与呼应汹涌,如潮然。"③他在强调思潮与社会变迁之关联的同时,指出思潮是"心理感召"与思想进路的"同趋"。有学者明确提出,"所谓社会思潮,一般是指在一定时期内,

---

① 朱义禄、张劲:《中国近现代政治思潮研究》,上海社会科学院出版社,1998 年,第 5 页。
② 肖锦全:"论社会思潮作为社会意识一个层次的构想",《现代哲学》,1997 年第 1 期。
③ 梁启超:《清代学术概论》,中华书局,1954 年,第 55 页。

反映某一阶级、阶层或集团的利益和要求,在某一国家社会生活中广泛传播,对社会生活产生某种程度影响的思想趋势或思想潮流。社会思潮既具有理论形态,又具有心理形态,是理论形态和人们社会心理相结合的产物"①。《中国大百科全书·哲学卷》认为,"社会思潮有时表现为由一定理论形态的思想作主导,有时又表现为特定环境中人们的社会心理,是社会意识的综合表现形式"②。社会思潮既有感性要素,表现为社会心理,又具有理性要素,表现为一种社会意识形式,二者相互影响、相互制约、相互渗透、相互统一,而并不是社会心理与意识形式的简单相加。所以社会思潮在社会意识结构中不是固定的,而是处于不断变化之中,是社会心理与意识形式有机综合体。正如有学者所言:"由于人们的经济地位或生存的社会条件大致相同或相似,由此产生的思想观点和情绪等便自然而然地汇合成一股社会思潮。"③这种观点比较普遍,也较为合理。

那么我们应该怎样理解社会思潮的内涵呢?根据马克思主义的基本观点,社会思潮作为一种社会意识,它首先是在一定社会历史条件下产生的,是对社会政治经济文化生活的反映,是社会时代的产物。其次社会思潮是"一种"社会意识现象,反映了一定阶级、阶层或群体的利益要求,是一种群体性的社会意识,在某种程度上是社会生活的"晴雨表"。再次社会思潮具有自身的价值,能够对人们的现实社会生活产生性质不同、程度不等的影响,如梁启超所言"凡'思'非皆能成'潮';能成'潮'者,则其思必有相当之价值,

①　赵曜:"当代中国社会思潮透视",《中国特色社会主义研究》,2002年第1期。
②　《中国大百科全书·哲学卷》,中国大百科全书出版社,1987年,第765页。
③　王锐生:"社会思潮初探",《东岳论丛》,1981年第3期。

而又适合于其时代之要求者也"①。最后社会思潮作为一种流行的社会意识,它不同于成熟稳定的意识形态,也与一个社会的主流意识形态有差别,因此它只是社会意识的一种表现形式,其中社会心理和思想观点是其主要因素。基于这种理解,我们认为,社会思潮是一定社会时期内,与国家主导或核心意识形态不尽相同的、具有一定规模的人群中的思想观念、价值取向或社会心态、大众心理。社会思潮的主体即大众,所以社会思潮与民众意识、思想观念有着直接关系。②

(二)社会思潮的特征与类型

为了深入把握社会思潮的内涵,有必要首先对社会思潮的基本特征与类型进行分析。

1. 社会思潮的基本特征

社会思潮作为一种社会意识,它与社会存在、思想理论、社会心理等相比,具有许多特征,这里主要归纳为现实依存性、复杂多变性、群体传播性、非主流性等特征。

首先,社会思潮具有强烈的现实依存性特征。任何社会思潮都是特定社会现实和特定历史时代的产物,都带有特定时代的社会历史印记。它在深受特定社会时代的政治、经济、思想文化影响的同时,又对那个时代的政治、经济、思想文化和社会精神生活产生着不同性质、不同程度的能动反作用。

一方面,任何社会思潮都是一定"时代"的现实思潮,都具有明显的时代烙印。这也就是梁启超所说的"时代思潮"的意思。一定

---

① 梁启超:《清代学术概论》,中华书局,1954 年,第 55 页。
② 张博颖:"试论在吸纳中引领社会思潮",《湖南师范大学社会科学学报》,2009 年第 3 期。

时代的社会存在是一定时代社会思潮的现实根源。马克思、恩格斯认为，"思想、观念、意识的生产最初是直接与人们的物质活动，与人们的物质交往，与现实生活的语言交织在一起的。人们的想象、思维、精神交往在这里还是人们物质行动的直接产物。表现在某一民族的政治、法律、道德、宗教、形而上学等的语言中的精神生产也是这样"①。与社会意识形态相比，社会思潮虽然也是由社会存在决定的，但是社会意识形态却具有相对的独立性和稳定性，而社会思潮则比意识形态更具有对现实的依赖性；与社会心理的即时流动性相比，社会思潮则又具有一定的稳定性和可把握性。

另一方面，任何社会思潮都反映了一定阶级或阶层的利益和愿望，都是一定社会的经济基础的现实反映。社会思潮不是凭空产生的，而是一定经济基础的产物。"社会思潮就其本质来说，是物质的经济关系，人们生存的社会条件以思想观点和情绪等形式在社会一部分人的意识之中的反映。"②社会发展从生产力开始，当生产力发展到一定阶段时，生产关系就会发生相应的调整和变革，从而就会引起社会的动荡、变革或转折。而当这种社会变革反映到社会意识领域时，"特定的社会心理与意识形态相结合的社会思潮也就因此活跃起来。生产关系的调整、社会的变革往往表现为社会各阶级、阶层间的利益调整"③。因此在阶级社会里，由于人们所代表的具体利益存在矛盾，思想观念的碰撞和冲突就不可避免。处于不同阶级、阶层的人们有着各自的利益需求，其心理状况和兴趣爱好不尽相同，对社会问题的关注点有很大差异，对社会共同事

---

① 《马克思恩格斯选集》（第一卷），人民出版社，1995年，第72页。

② 王锐生："社会思潮初探"，《东岳论丛》，1981年第3期。

③ 王炳权："论社会思潮的意识特性"，《高校理论战线》，2011年第1期。

件和基本问题也持有不同的看法和态度。正如普列汉诺夫所说的：“文明社会的结构是那样的复杂，所以严格说来，我们再不应当来讲一种适应一定的社会形式的精神状况和道德状况了。市民的精神状况和道德状况本质上是常常和乡下人的不同的，贵族的精神和道德与无产阶级的精神和道德相同的地方，也非常之少。所以在一个阶级的意象中‘成为一时的典型’的，在另一个阶级的意象中不能也是如此。”①因此社会思潮总是一定社会经济基础之上不同阶级利益或阶层利益和要求的集中反映。

其次，社会思潮具有复杂多变性特征。社会思潮作为一种社会意识是非常复杂的。一方面，从社会思潮的表现形式来看，社会思潮既有理论的形态，表现为丰富的理性特征，又有心理的形态，表现为丰富的感性特征。正如列宁所说：“没有‘人的感情’，就从来没有也不可能有人对于真理的追求。”②社会思潮既是一种理论观点和思想潮流，能够运用理论解释和阐述观点和主张，又是一种心理现象，可以凭借情感产生社会影响；既是一种思想潮流，表现为思想性特征，又与社会潮流不可分离，表现为社会的活动性特征。同时社会思潮与社会舆论、思想运动、学术流派、思想理论动态，甚至社会热点等都存在着“割不断，理还乱”的复杂关联。另一方面，从社会思潮的内容来看，由于社会思潮是对社会不同阶级、不同阶层、不同群体利益与愿望的反映，社会存在、社会主体的复杂多样性，决定了社会思潮的复杂性。因此一个社会会同时存在多种多样的社会思潮，而每种社会思潮自身也是复杂多样的。

---

① 《普列汉诺夫哲学著作选集》(第二卷)，生活·读书·新知三联书店，1961 年，第 187 页。
② 《列宁全集》(第 25 卷)，人民出版社，1988 年，第 117 页。

作为一种社会意识现象,社会思潮又总处在不断的流变之中。恩格斯指出,世界上"没有任何东西是不动的和不变的,而是一切都在运动、变化、生成和消逝"①。社会存在的不断变动,决定了作为社会心理和社会意识形式交织的社会思潮也是不断变化发展的。马克思认为,"人们按照自己的物质生产率建立相应的社会关系,正是这些人又按照自己的社会关系创造了相应的原理、观念和范畴。所以,这些观念、范畴也同它们所表现的关系一样,不是永恒的。它们是历史的、暂时的产物。生产力的增长、社会关系的破坏、观念的形成都是不断运动的,只有运动的抽象即'不死的死'才是停滞不动的"②。每种社会思潮总是随着社会生活的改变而变化的。它在一定社会历史条件下形成,并会随着社会条件的变化而发生改变。如果某种社会思潮反映的是社会关注的热点或是当下社会的尖锐冲突,那么这种思潮必然会获得更多人的关注,对社会的影响也会随着攀升;随着所反映的问题或者揭示的冲突被解决或随着时间的推移而不再被社会高度关注,这种思潮也会从顶峰开始下降并进入谷底。当同样的背景条件又一次出现的时候,相同或者相近的社会话题、冲突将会再次引爆这沉睡已久的社会思潮,由此使得社会思潮显现出潮来潮去、潮起潮落的现象。因此社会思潮又是多变的。

再次,社会思潮又具有较大的群体传播性特征。作为群体意识范畴,社会思潮总是以特定的社会群体为主体的社会意识,所反映的总是特定群体的利益和愿望。一定的社会群体是社会思潮产

---

① 《马克思恩格斯选集》(第三卷),人民出版社,1995 年,第 359 页。
② 《马克思恩格斯选集》(第一卷),人民出版社,1995 年,第 142 页。

生与发展的前提条件。特定的社会群体是社会思潮发展、传播的主体,如果得不到特定社会群体的认同,社会思潮必然就不可能发展、传播开来,自然也就成不了"潮"。著名哲学家贺麟曾指出,"思潮是一个社会在某一时期中所共有的思想蔚为风气,个人被其影响而不自觉,所以被称为思潮的思想,便成为一个社会现象,能支配各个人的行为。思潮不是少数人的思想,而是社会的共有的思想"①。当某一种社会思潮得到某一社会群体的认同,产生一定的社会影响,在内部传播的同时,它就会逐渐超越某一社会群体的影响范围,开始反映多数群体成员的共同愿望,就会赢得更大多数人群的支持与认同,通过群体进行扩散、传播,并对整个社会产生较大的影响,甚至可能会像潮水般不可阻挡,进而上升为社会的主流意识形态。马克思主义在中国的传播就是如此。起初,马克思主义只是中国众多社会思潮中的一种,只在少数先进的知识分子中传播,后来逐渐获得工人阶级的认同,再进一步扩展到中国更多阶级、阶层中,最终成为整个中国社会的主流意识形态。

社会思潮之所以会具有群体性特征,主要是因为它所反映的是一定范围内的社会群体的意愿和要求,而这种意愿和需求具有共同性。当某一社会思潮能够被多个集团、群体、阶层、民族所认可,能够引起群体成员在思想上、情感上的共鸣时,它就成为了群体成员的共同社会意识,就能成"潮"。此外,社会思潮产生以后,就会通过传播来发展、吸聚力量,在不断地制造"声势"中流行,再回到社会生活中,形成社会热点、社会舆论,甚至社会运动。这种特点表明,社会意识领域从社会心理到思想观点经历着一个动态

① 贺麟:《五十年来的中国哲学》,辽宁教育出版社,1989 年,第62 页。

变化过程,一定的社会心理推动着一定的理论观点成为一种社会思想的潮流;同时一定的社会思想理论也会引领、助推一定的社会心理向着明确的现实目标传播、发展,进而实现社会思潮与社会现实的相互影响和互动发展。

最后,社会思潮还具有非主流性的特征。作为社会意识的一种特殊形式,社会思潮与社会的主流意识形态、主流社会意识形式又是不同的,表现为非主流性。一方面,社会思潮往往是社会中一部分成员的情绪、心理和思想观念的汇合,只是反映了社会意识演进的一个向度,而主流的意识形态、社会意识形式则是社会绝大多数人群,甚至是整个国家意志的体现,其社会影响具有全局性。马克思指出:"统治阶级的思想在每一个时代都是占统治地位的思想。这就是说,一个阶级是社会上占统治地位的物质力量,同时也是社会上占统治地位的精神力量。"①另一方面,社会思潮总是一种不完善的社会意识,可能只构成了主流意识形态的一种思想素材,成为与主流意识形态相对应的一种思想潮流。"社会思潮总要寻求自身理论体系的完善,争取成为社会意识形态。但并非所有社会思潮都能成为社会意识形态,只有那些被社会所接受并逐渐渗透到社会的哲学、政治法律思想、道德、艺术、宗教中去的理论体系或思想观念才能成为社会意识形态。"②所以社会思潮与意识形态、意识形式是不同层次、不同性质、不同类型的社会意识。

2.社会思潮的类型

社会存在的复杂多样性决定了社会思潮表现形式的多样性。

---

① 《马克思恩格斯选集》(第一卷),人民出版社,1995年,第98页。
② 刘海静、张静:"思想政治教育的意识形态功能与社会思潮引领",《理论学刊》,2008年第7期。

为了更好地把握社会思潮的基本内涵,我们可以从不同视角对社会思潮进行分类。

按本质属性来分,社会思潮可以分为进步的与反动的、积极的与消极的、先进的与落后的、正确的与错误的等类型。在人类社会发展过程中,那些代表社会生产力发展方向、代表人类发展未来、能够促进人类社会发展的思潮,就是先进的、正确的、进步的、积极的社会思潮;反之,那些不利于社会进步、与社会生产力发展方向相悖、对社会发展起阻碍作用的思潮,就是落后的、错误的、反动的、消极的社会思潮。此外,有些社会思潮按其本质属性来说,则不具有阶级性,是中性的,可以走向正或者是反两个不同方向。

按社会思潮所揭示的内容领域不同,可以分为经济思潮、法律思潮、哲学思潮、文艺思潮、政治思潮、文化思潮、宗教思潮等;按照影响的范围,可以把社会思潮分为国际性思潮、全国性思潮、地区性思潮等;按照阶级特性,可以把社会思潮分为统治阶级思潮、被统治阶级思潮、无产阶级思潮、资产阶级思潮、封建地主阶级思潮,以及社会主义思潮和资本主义思潮等。

(三)社会思潮的地位、作用

社会思潮作为一种反映社会存在的社会意识类型,它对社会存在具有能动的反作用,同时也会对一定的社会思想文化产生重要的影响作用。

1. 社会思潮的地位

社会思潮虽然不是社会的主流意识形态,也不是成熟形态的思想理论,但却在社会中有其不可缺失的地位。首先,社会思潮是反映社会变化的"晴雨表"。社会思潮不是凭空产生的,也不是任意捏造出来的,它是对社会现实生活的真实反映,它反映了一定阶层、集团或阶级的利益和要求,反映的是社会不同层面的愿望。它反馈的信息是社会的声音,既可能是正在影响社会的信息,又可能是将要影响未来社会以及潜在的信息,是任何社会都不可忽视的社会意识类型。

其次,社会思潮是影响社会发展的精神力量。有学者认为:"社会思潮的波动,技术的更新,社会经济结构的变化,是左右人类命运的潜在因素。它对历史的影响绝不亚于一次政变或战争。历史上最深层的东西往往是最确切无疑的。"①从人类社会历史来看,社会思潮往往在某种程度上左右了人类社会历史的发展趋向。意大利文艺复兴时期的人文主义思潮、西欧的启蒙主义思潮等无不确定了西方社会的未来发展方向。正是 20 世纪初期马克思主义、科学社会主义思潮在中国的传播、发展,才有了社会主义制度在中国的确立和发展。

最后,社会思潮是社会意识发展、深化的纽带和媒介。一个社会的变化是从社会存在开始的,社会存在的变化引起社会心理的变化,而社会心理则是自发的、零乱的、模糊的、不容易把握的,只有上升到思想理论层面,才能发挥社会作用。而社会思潮则可以促使零乱、自发、模糊的时代社会心理上升为明确、稳定的时代精神意识,使自发的群体情绪、感情上升为自觉的群体意识、群体思想,进而上升为理论形态的社会意识形式。社会思潮既可以使社会意识的内容深化,也可以使社会意识的形式更加完善。

---

① ［法］马克·布洛赫著,张和声等译:《历史学家的技艺》,上海社会科学院出版社,1992 年,第 6 页。

2. 社会思潮的作用

梁启超先生在 20 世纪初就曾明确指出,社会思潮"必有相当之价值,而又适合于其时代之要求"①。社会思潮的作用表现在许多方面:

首先,作为社会意识的一种,它能够对社会存在尤其对经济基础乃至整个社会生活具有较大的能动反作用,产生重要社会影响。它通过社会思潮主体的思想和行为,对社会政治、经济、文化产生强烈的冲击,能够加速促进新制度的产生和旧制度的灭亡,实现社会制度的质变。即使在社会制度的量变过程中,社会思潮也能通过影响社会心理和思想理论,影响社会意识,甚至主流意识形态的传播、发展方向。

其次,社会思潮对社会存在的作用具有双向性。由于每种社会思潮所代表的社会阶级、阶层和群体不同,所反映的利益和要求不同,社会思潮发挥作用的方向就有不同。积极的、进步的社会思潮由于代表了先进生产力的发展方向,反映了广大人民群众的利益和愿望,它在社会发展中的作用就体现为顺应历史发展潮流,能够推动社会生产力发展,促进社会的全面进步。而消极的、落后的社会思潮则由于反映了落后、腐朽、反动的社会群体的利益和愿望,从而对社会发展起相反的作用,成为了社会发展的绊脚石和拦路虎,因而会引起社会秩序的动荡,阻碍社会的进步发展。

最后,具有正能量的社会思潮的"百家争鸣",能够促进思想文化领域的繁荣、发展。在同一个时代,社会思潮总是多种多样的。体现人民群众利益和愿望的不同社会思潮相互交流、相互融合、相

---

① 梁启超:《清代学术概论》,中华书局,1954 年,第 55 页。

互"取长补短",从而可以成为促进思想文化领域繁荣、发展的重要力量。

二、当代中国社会思潮及简析

当前我国社会改革发展进入了攻坚期和深水区。社会意识形态领域由于社会政治、经济、文化的深刻变革而出现了多样化的特征和趋势,在社会主义核心价值体系处于社会主流地位的同时,人们的思想观念、道德意识、价值取向、思维方式以及思想活动表现为层次性、多样性和独立性、多变性、差异性等特征,各种思想观念和社会思潮处于激烈的交流、碰撞和融合之中。主要表现在:理性与非理性相交织,进步文明与愚昧落后相交织,积极健康与消极腐朽相交织,高尚文明与低级庸俗相交织,科学进步与偏颇谬误相交织,政治因素与经济、文化因素相交织等。

（一）当代中国社会思潮的主要流派

学术界对当代中国社会思潮流派的归类有多种说法,有三大社会思潮说,即自由主义、社会民主主义和社会主义[1];有四大社会思潮说,即资产阶级自由化、历史虚无主义、民族虚无主义和民主社会主义[2];有五大社会思潮说,即民主社会主义、新自由主义、保守自由主义、文化保守主义以及后现代主义[3];有六大思潮说,即民

---

① 胡伟希:"20世纪中国三大社会思潮及其当代转型",《华东师范大学学报(哲学社会科学版)》,2010年第5期。

② 李理:"以马克思主义引领多样化的社会思潮———访中国社会科学院学部委员、中国历史唯物主义学会会长李崇富",《上海党史与党建》,2010年第8期。

③ 刘同舫:"在应对当代各种社会思潮的挑战中发挥马克思主义的威力",《马克思主义研究》,2010年第3期。

主社会主义、自由主义、新权威主义、新民族主义、"新左派"和文化保守主义①;有八大社会思潮说,其中包括民主社会主义、民族主义、老左派、"新左派"、民粹主义、自由主义和新儒家②等。实际上,当代中国社会思潮流派众多,有些彼此之间相互交错,有些派别分类并不清晰,很难做出确切的分类。以下着重介绍四种当前影响较大的社会思潮。

1. 新自由主义思潮

新自由主义是在当代中国出现最早、影响最大、存续时间最长久的社会思潮。从源头上看,新自由主义起源于以鼓吹自由主义、个人主义为核心的古典自由主义。第二次世界大战以后,随着西方资本主义国家从国家垄断资本主义向国际垄断资本主义转变,以及社会主义从一国到多国的胜利,社会主义与资本主义两大阵营格局的形成,自由主义开始回潮,从而形成了新的理论思潮、价值体系、政策主张、政治模式和生活方式。党的十一届三中全会以后,我国开始实行了全方位的对外开放政策,随着社会主义市场经济的发展、壮大,在西方思潮的影响下,新自由主义思潮开始登上我国社会思想文化舞台,成为一股重要的社会思潮。

当代中国新自由主义的基本观点,主要表现在如下方面:首先,在经济方面,否定社会主义公有制,主张全面自由化、绝对市场化和完全私有化。中国的新自由主义者认为,"市场经济方针的确立使经济自由主义的旗帜鲜明地亮出来"③了,他们极力倡导产

---

① 萧功秦:"困境之礁上的思想水花———当代中国六大社会思潮论析",《社会科学论坛》,2010 年第 8 期。

② 马立诚:《当代中国八种社会思潮》,社会科学文献出版社,2012 年。

③ 徐友渔:《自由的言说》,长春出版社,1999 年,第 259 页。

权改革,强调在国有、集体经济领域实行私有化,主张在中国实行私有化的经济制度。他们认为,"社会主义市场经济正把那些'精明强干、稳重可靠、经营有方的人'召唤到社会主义市场上来,成为'新的幸运骑士'",这些新生资本家阶级"正在自觉或不自觉地寻觅和召唤他们在思想上的代言人"。①

其次,在政治方面,中国的新自由主义者反对社会主义政治制度,否定中国共产党的领导,主张师法英美,照搬西方政治模式,实行议会制、多党制、总统制和所谓的"直接选举"。20 世纪 90 年代中期以来国内开始出现宪政热,成为新自由主义的政治主张,并提出中国应该在"共和、民主、宪政"的框架下构建市场秩序及其政治架构。②

最后,在思想文化方面,中国的新自由主义者宣扬西方主流精神文化,强调自由主义和个人主义的价值观,反对把马克思列宁主义、毛泽东思想和中国特色社会主义理论体系作为我国的主流意识形态。他们认为,"竭力反复阅读马克思主义著作,但抑制不住地要产生繁琐、独断的印象","马克思主义和宗教没有区别,其本质在于求善而不在于求真;马克思主义关于资本主义制度的灭亡,关于未来共产主义社会的设想,都带有空想成分,激情多于真理"。③ 他们宣扬资产阶级的自由、民主、平等、博爱、人权,鼓吹资产阶级的意识形态、生活方式和价值观念。④

---

① 张贤亮:《小说中国》,经济日报出版社/陕西旅游出版社,1998 年,第 32、45 页。
② 邹诗鹏:"三十年来中国社会文化思潮的走向及其历史效应",《马克思主义与现实》,2009 年第 1 期。
③ 何家栋:"谁误解了马克思",《北京文学》,1999 年第 2 期。
④ 房宁:"影响当代中国的三大社会思潮",《复旦政治学评论》,2006 年第 1 期。

2. 民主社会主义思潮

民主社会主义思潮是当代西方发达资本主义国家社会民主党、社会党和工党等的指导思想和理论体系,在本质上是资产阶级改良主义的思想。它源于第二国际时期伯恩施坦的修正主义,第二次世界大战后开始流行于西欧社会,20 世纪 80 年代以后迅速向东欧和苏联蔓延,并导致苏联和东欧社会主义国家共产党丧失执政地位,改弦易辙,演变为资本主义社会。民主社会主义的基本理念和价值观念是自由、平等、公正、合作互助;其目标是要建设一个所谓的社会民主、政治民主、经济民主、文化民主并推进国际民主的"社会主义"。民主社会主义主张资产阶级的自由、民主、平等,反对马克思主义的科学社会主义,主张走既不同于资本主义也不同于传统的社会主义的"第三条道路"——"社会公正、生活美好、自由与世界和平的制度"。

中国共产党是在第三国际的指导下按照列宁的建党思想建立起来的无产阶级政党。长期以来,没有受到民主社会主义思潮的影响。改革开放以来,随着改革开放的深入发展,以及在西方资本主义"和平演变"的影响下,20 世纪 90 年代以后,中国也出现了民主社会主义思潮,并产生了较大的社会影响。中国的民主社会主义者鼓吹建立中国的社会民主党或者把中国共产党改造为社会民主党,企图改变中国共产党的工人阶级和中华民族先锋队性质,否定中国特色社会主义的科学社会主义属性。

当代中国民主社会主义思潮的主要观点是:在经济方面,否定以公有制为主体、多种所有制经济共同发展的社会主义基本经济制度,放弃社会主义公有制及其主体地位,主张各种所有制经济成分都可以平行发展、平等竞争并享有平等权利。在经济领域内没有居于主导地位的经济成分,主张在保留私有制的前提下实行"混合经济",生产资料的所有制关系不是区分社会主义制度和资本主义制度的标志。在政治方面,民主社会主义反对马克思主义的阶级观点、阶级分析方法和无产阶级革命理论,主张阶级调和、"三权分立"、议会制民主和多党制,反对共产党一党执政,否定无产阶级专政,主张和平进入社会主义。在思想文化方面,民主社会主义主张多元化,反对马克思主义的一元指导思想,认为在意识形态领域里没有占主导地位的思想,不能用一种统一的世界观和方法论作为社会主义实践的指南,主张马克思主义、基督教社会主义、福利社会主义、人道社会主义等都可以并行不悖,成为社会尊崇的思想文化体系。

3. 历史虚无主义思潮

中国的历史虚无主义思潮最早可以追溯至 20 世纪初以胡适为代表的全盘西化论思潮,其主要表现在对待中国历史和民族传统文化等问题时采取了一种虚无主义态度。20 世纪 80 年代以来,一些人借口清算"四人帮"罪行和纠正"文化大革命"错误,以"重新评价"历史的名义,歪曲"解放思想"的真意,全盘否定毛泽东思想和毛泽东的历史地位,丑化中国共产党领导的革命和建设历史,甚至抹杀我国源远流长的民族文化,导致人们思想混乱,产生了不良的社会影响。

历史虚无主义思潮的主要观点是:第一,贬低和否定中国革命。否定 20 世纪中国社会发生革命的历史必然性,认为中国选择革命的方式实现社会转型与变革,是愚蠢和幼稚的表现;认为革命是一种单纯破坏的力量,没有任何建设性意义。太平天国运动、旧民主主义革命、新民主主义革命等都是错误的,因此主张要"告别革命",反对革命的一切后果。第二,否定反帝反封建的五四运动。把五四运动以来中国人民选择的社会主义道路,看作离开所谓的"以英美为师"的"近代文明的主流"而误入"以俄为师"歧路。第三,歪曲、否定中国共产党领导的历史。认为经济、文化落后的中国没有资格搞社会主义,中国选择社会主义耽误了中国的发展,中国应该重新"以英美为师"。认为中国共产党的领导影响了中国现代化的历史进程,共产党把中国引上了"灾难的深渊"。主张反对社会主义制度,走资本主义道路,实行"全盘西化"。

历史虚无主义必然导致民族虚无主义、反民族主义、文化虚无主义和殖民主义等思潮。历史虚无主义者不但歪曲、否定近现代以来的中国革命和历史,而且还恣意抹煞中国人民以爱国主义为核心的民族精神和中华民族源远流长的灿烂文明。认为中国优秀传统文明是走向没落的"黄色文明",中华民族是"奴性十足"、安于现状、逃避现实的"愚昧""丑陋"的民族。借口批判"狭隘的民族主义",来谴责广大群众的爱国主义热情和民族自豪感,认为民族主义情感的崛起会激化中国人同西方人的对立情绪,因而走向了民族虚无主义和反民族主义。历史虚无主义者不但渲染民族失败主义情绪,而且公开走上称颂帝国主义侵略和殖民统治的道路。他们认为中国要实现现代化,就只有乞灵于西方社会的"蓝色文明",认为西方殖民主义"从根本上改变了东方历史的发展进程,成为东方民族走上现代文明的唯一现实良机","近代西方殖民国家不管干出了多大的罪行,它还是起了一种革命的作用"。[①] 这种思潮主要表现为:盲目崇洋媚外,洋名称、洋招牌满天飞;文坛轮流出

---

① 沈卫星:"挑战社会主义核心价值体系的主要社会思潮",《中国青年研究》,2008 年第 11 期。

现尼采热、萨特热、韦伯热、弗洛伊德热等西方文化热；大刮历史翻案风，为琦善、李鸿章等主张妥协投降的人物"平反"；崇尚西方资本主义社会的生活方式等。

（二）当代中国社会思潮简析

我国经济体制的深刻变革、社会结构的深刻变动、利益格局的深刻调整，以及人们思想活动的独立性、选择性、多变性、差异性增强，带来了社会思想观念的深刻变化，使人们的思想观念、道德意识、价值取向等越来越呈现出多样性、层次性的特征。从社会思潮的性质来看，既有科学、进步、积极的社会思潮，又有错误、落后、腐朽、低俗的社会思潮，还有涉及经济、文化、国际关系等诸多领域中性的社会思潮。总体来看，多元化社会思潮的存在使社会主义核心价值观的主导地位面临挑战，也使广大人民群众在思想认识、道德观念、价值追求、理想信念等方面产生了困惑、迷茫，甚至悲观失望，对人们的世界观、人生观、价值观产生了诸多不利影响。

首先，从整体上说，当代中国社会思潮的主体是积极向上的，并与主流意识形态相一致。在中国共产党领导下，以马克思主义指导思想、中国特色社会主义共同理想、以爱国主义为核心的民族精神和以改革创新为核心的时代精神、社会主义荣辱观为核心内容的社会主义核心价值体系，成为了当前中国社会的主流意识形态。这四个方面的基本内容相互联系、相互贯通、相互促进，构成有机统一的整体。其中马克思主义指导思想是灵魂，中国特色社会主义共同理想是主题，以爱国主义为核心的民族精神和以改革创新为核心的时代精神是精髓，社会主义荣辱观是基础。正是在社会主义核心价值体系和以"富强、民主、文明、和谐，自由、平等、公正、法治，爱国、敬业、诚信、友善"为基本内容的社会主义核心价值观的引领下,形成了一系列科学、进步、积极、高尚的社会思潮,如爱国主义思潮、集体主义思潮、社会主义改革思潮、追求公平正义思潮、重视生态环境保护思潮、拥护改革支持改革思潮、反腐败思潮、绿色消费思潮、关注社会道德思潮、勇于承担社会责任思潮、传统文化及遗产保护思潮等,这些社会思潮都体现了社会主义意识形态的本质要求,是当前中国社会思潮的重要组成部分。

其次,当代中国社会思潮中还存在着一些与主流意识形态相对立的消极的、错误的、腐朽的思想倾向。从对社会影响的程度和力度来看,对我国主流意识形态构成一定挑战的思想倾向主要有新自由主义思潮、民主社会主义思潮、历史虚无主义思潮、"新左派"思潮、殖民文化思潮、保守主义思潮、民族分裂主义思潮、反民族主义思潮、拜金主义思潮、利己主义思潮、享乐主义思潮、实用主义思潮、普世价值思潮、质疑改革思潮、消费主义思潮、极端个人主义思潮、封建迷信和伪科学等。其中新自由主义思潮极力鼓吹极端个人主义,冲击着以集体主义为核心的社会主义道德体系;否定社会主义公有制,提出了一些诸如"私有产权神圣""公有制是罪恶根源"等错误论调。"新左派"思潮则主张用平均主义的方式来解决转型时期出现的各种矛盾,提出重新发现"文化大革命"的价值,其思想不切合中国实际。民主社会主义是西方民主主义思潮在我国的发展,它从根本上反对马克思主义的基本理论,否定消灭私有制、建立社会主义,主张用社会福利制度解决社会两极分化。保守主义在文化上表现为崇尚传统民族文化,其对中华优秀传统文化的珍视虽有可取之处,但提倡"新儒学",在实践上主张"儒化"中国,还表现为否定一切积极的或者消极的革命。历史虚无主义则否定中华文明,否定中国革命和中国共产党的历史,丑化无产阶级革命领袖,主张全盘西化,以"重新评价"为名歪曲历史、歪曲英雄人物,消解文化认同和民族凝聚力,这是明显错误的。拜金主义和利己主义相互交织在一起,追求极端个人利益,盲目崇拜金钱,认为金钱至上、个人至上。总之,这些思潮都在不同程度上否定马克思主义,否定社会主义,否定党的领导,歪曲和否定社会主义改革事业,在人们思想上造成了不同程度的混乱,阻碍中国特色社会主义事业的发展,消解广大人民群众建设的激情和力量,阻碍社会生产力的发展,以及中华民族伟大复兴的中国梦的实现。

最后,当代中国社会思潮中还存在着一些正确与错误、积极与消极、进步与落后、健康与腐朽、高尚与低俗等交杂在一起的中性的社会思潮,如重视个人价值实现的思潮、后现代主义思潮、大众文化思潮等。如从西方传入中国的后现代主义思潮,它除了渗透到了哲学、法学、史学、语言学、社会学、教育学、文学等学科领域外,还深入影响了人们社会生活的诸多方面,如虚拟化生存、丁克族、网络化生活、"超女现象"等生活方式及其代表的思想倾向。我们很难简单地对这些行为和思潮进行定性,应该说上述倾向既有其积极的一面,但必然也会有其消极的一面。再如重视个人价值实现的思潮,如果从强调个人的主体性、强调人生的积极进取、强调个体价值追求等方面来说,则是正确的;但如果过多地强调个人至上而忽视集体利益,或不管他人利益等则是错误的、消极的。

总之,当前这些纷繁复杂的社会思潮给人们在思想领域的选择和判断带来了不少难题,容易使一些人产生心理压力,进而出现无所适从,出现精神烦闷、思想困惑、理想迷失和信仰动摇等现象,这直接影响着人们的精神状态和投身中国特色社会主义事业的积极性和主动性。因此我们必须坚持马克思主义的指导,坚持用习近平新时代中国特色社会主义思想武装全党、教育人民,用中国特色社会主义共同理想凝聚力量,用以爱国主义为核心的民族精神和以改革创新为核心的时代精神鼓舞斗志,用社会主义荣辱观引领风尚,巩固全党全国各族人民团结奋斗的共同思想基础。用社会主义核心价值观进一步激发全民族文化创造活力,提高国家文化软实力,使人民基本文化权益得到更好地保障,使社会文化生活更加丰富多彩,使人民精神风貌更加昂扬向上。积极探索用社会主义核心价值体系、价值观引领社会思潮的有效途径和有效机制,坚持做好意识形态工作,既尊重差异、包容多样,又坚决抵制各种错误思潮的影响。

▶第三章
社会主义核心价值体系与社会思潮的关系

一、影响价值观发展变化的基本因素

价值观在整个社会领域以及人的全部生活之中具有极其重要的地位和作用,它关系着一个国家的未来走向,影响着人们的生活状态,决定着文化文明的发展高度,也决定着整个社会的进步程度。价值观是人类文化的核心,正确的、科学的、合理的价值观的确立,势必会大大推进人类文明的进步,因而是人类幸福生活的福祉所在,而错误的、邪恶的、不合理的价值观,则会将国家、社会和个人引向罪恶的深渊,甚至给整个世界带来灾难。价值观的发展变化由相应的逻辑关系和机制所决定,是一系列内在因素和外在条件相互作用的结果。在当代中国探索影响价值观发展变化的基本因素,无疑有助于社会主义核心价值观的培育、传播和践行,从而使之成为引领社会思潮、凝聚社会共识的思想引擎,进而大大促进整个国家和社会健康、和谐的发展。

（一）价值观发展变化的逻辑基础

价值观的发展变化与世界观密不可分。"所谓世界观,就是人们对于生活于其中的世界以及人与世界关系的根本观点、根本看法。"①世界观是价值观的理论基础和前提,价值观是世界观的最直接、最集中、最鲜明的表现,它是人们认识世界和改造世界的能动的调节因素。正确的价值观往往是基于正确的世界观,而错误的世界观是各种各样错误价值观的源头。要树立正确的价值观,首要的是形成正确的世界观,并运用正确的世界观及其方法论来思考和处理价值问题。任何价值观都是以一定的世界观为前提的,如果作为前提的世界观出现错误,就必然会导致价值观的偏狭、消极,甚至反动。各种迷信、邪教往往以错误的世界观为前提和出发点,从而形成各种反科学、反文化、反社会、反人类的价值观。世界观对价值观具有决定作用和影响,割裂价值观同世界观的辩证联系,就不能形成正确的价值认识、判断和抉择,就无法认清各种价值观的性质及其存在的问题,也就脱离了价值观的内在逻辑体系。

第一,价值观是对客观现实的反映。一定的价值观必然以一定的客观现实为基础,基于一定的客观现实的需要,与一定的客观现实保持一致。只有在此前提下所建立起来的价值观才能是科学的、合理的、正确的,而脱离客观现实的价值观就会落入虚无主义的误区。无论是整个社会的价值观还是个人的价值观,都来自于客观现实,并随着客观现实的变化而不断变化,都能够从它所属的社会阶段、历史背景,或者社会环境、客观条件中找到其存在和发展变化的缘由。价值观尽管表现的是主观的认识、理解和诉求,但其形成却是自然的、客观的,它要反映时代的要求,反映社会经济

---

① 李秀林等:《辩证唯物主义和历史唯物主义原理》(第五版),中国人民大学出版社,2004年,第2页。

政治的发展状况,反映一个社会的文化积淀,而价值观只有充分反映这些客观因素和条件时,它才能成为社会流行的价值观,才会具有生命力。否则,忽视价值观的客观属性,任意妄为地去秉持并宣传各种狭隘的、极端的价值观,将价值观变成主观随意性的活动,势必会给价值观的发展带来消极影响。实践证明,人类社会任何有建树的价值观都离不开客观现实基础,价值观的发展变化反过来也能够反映出客观现实发展变化的过程;任何落后于时代要求、背离经济基础要求的价值观都会被社会所否弃和淘汰,这种价值观也不可能在人民群众之中真正发展起来。

第二,价值观与人的认识息息相关。人的认识往往是以一定的价值判断为基础的,而人的价值反映同样以一定的认识为前提,正确的认识才能有助于人形成正确的价值观,错误的认识容易误导人形成或接受错误的价值观。在现实中,一些错误的社会思潮往往与一些错误的认识有关,比如极端个人主义思潮,就是基于人是自私的错误认识;而质疑改革的思潮,是由于仅看到改革带来的某些副作用,没有看到改革的必然和主流,以及带来的巨大进步,没有辩证地看问题。由此可见,价值观也是有真理性的,错误的价值观往往与错误的认识、错误的认识方式有直接的、必然的联系,而一旦人们形成正确的认识,抑或是有了真理的指引,不合理的价值观也就不攻自破了。基于此,要想改变人们的价值观念就必须纠正人们的错误认识。不难理解的是,帮助那些受不良社会思潮误导的人们摆脱逆境的一个重要方法,就是揭露这些思潮的错误和荒谬之处,从而帮助人们提高自身的认识,走到正确价值观的轨道上来。

第三,一种价值观的发展变化往往会受到其他价值观的影响。

价值观具有多元性,任何社会和国家的价值观都不是整齐划一的。在社会生活中,往往存在诸多的价值观,传统的与现代的、本土的与外来的、积极的与消极的、正确的与错误的等,这些不同类型、来源、性质的价值观之间是相互影响的。各种消极的、片面的、狭隘的、保守的、封闭的、低级的、不合理的、迷信的价值观与积极的、广泛的、开放的、高尚的、理性的、科学的价值观不断地在现实中发生着博弈和较量。可以说,任何现存的传统价值观最终得以流传至今,一定都经历过历史性的文化选择、比较、借鉴和整合的过程。既然价值观的存在具有多元性,就应该正确地看待和处理诸种价值观之间的关系,自觉地维持良好的价值观生态系统,充分利用价值观之间的良性互动力量和机制。

第四,价值观服务于价值主体的需要和利益。价值观是通过它所带来的价值作用和效应,来实现对人的吸引及其思想占有的。价值观并不是空头口号、价值法则,价值观必须同人发生一定的价值联系、文化关系或是实践关系,才能真正成为人的一种思想武器,成为人的社会生活的一部分。任何一种价值理念、价值范畴之所以能够上升为价值观,首先在于它对人的有用性,"人们为之奋斗的一切,都同他们的利益有关"[①]。如果一种观念背离人的需要,不具有现实的指导意义,或者背离人的整体利益、长远利益,那么它就会逐渐被人所抵牾、拒斥和摒弃。也就是说,一种价值观能够形成,成为价值主体的有力武器,必须基于这种价值观念能够满足价值主体的需要。一种价值观要想可持续性地存在和发展,它也必须对价值主体具有长久的效力,能够对价值主体的生产、生活实践具有

---

① 《马克思恩格斯全集》(第1卷),人民出版社,1995年,第187页。

指导意义。换一个角度说,价值观要想对全体社会成员实现有效的引领,其前提是这种价值观的运用能够给人民群众带来实际的利益,包括物质利益、精神满足等,只有经历这样的过程,价值观才能被人民群众所认可并接受,最后内化为思想、精神和灵魂,变成人的指导思想、价值自觉和灵魂旨归,否则,一切价值观都是空谈。

第五,价值观必然以一定的价值为依托。在人的各种社会活动中总会伴随着价值问题,于是人们在反复的认识和实践过程中,就形成了一定的价值观。价值是价值观生成的逻辑前提,实际上,任何价值观都是基于一定价值前提的,价值前提影响并且决定着价值观的基本立场、性质和趋向。然而价值有短期价值、个人价值、区域价值和群体价值等,价值的作用人群不一样,影响时效不一样,因而适用范围也是不一样的。有的价值只是个人的狭隘利益,这种价值的实现就会破坏他人,乃至整个社会的利益;有的价值只是短暂的、眼前的,反映的是一时之需;有的价值则是某个区域的,如果超出这个区域,其存在的基础也就会随之消失。总之,基于这样的价值基础和前提,就有可能形成相对狭隘、消极、片面的价值观,从而将人、社会,乃至文化的发展引向误区。破坏环境的乱排乱放对于一些企业和个人是有价值的,但这不符合社会整体的利益,违背了生态环境的规律,这样的价值一旦被奉为企业的价值观或升格为社会流行的价值观,那么就会导致不负责任、自私自利的狭隘功利主义行为的泛滥。毋庸讳言,价值前提直接影响并决定着价值观的作用群体、适用范围和效应期限,只有更适合时代发展要求、符合人民根本利益和需要、代表人类文化前进方向的价值观,才能更有生命力、影响力和覆盖力,也才能成为一个民族、社会、国家的主流价值观。

第六,价值观的存在和发展是价值主体协同联动的共同努力过程。价值观也需要专家学者的凝练和总结,需要媒体的传播和宣传,需要政府及管理部门的倡导和主张,需要社会组织及团体的推动和支持。人民群众是价值观的承载主体,正是因为人民群众的认同和践行,价值观才得以发挥、实现和表达,如果脱离了人民群众,价值观就会空置,变成没有实际意义的抽象观念和符号,变成僵死的文化,而只有价值观被人所掌握、利用,才能运转起来,变成活的文化。充分发挥人民群众的承载主体的作用,让人民群众在社会生活实践中去践行价值观,这也是价值观提升的重要途径和动力,只有在主动的运用过程中,人民群众才能真正掌握价值观,把握正确价值导向的功用,从而让正确的价值观成为生产、生活的价值原则和追求。当然,人与人之间的价值观是相互影响的,在价值观的形成过程中,榜样示范的作用特别大。尤其是人们容易对英雄模范等人物产生价值认同,这些高尚价值观的践行者,对社会价值观的提升起着极大的推动和促进作用。正因为如此,各种媒体要发挥效能,用有效的、合理的方式和方法去宣传这些人物的先进事迹及其代表的正向价值观,充分发挥他们的榜样作用、示范效应和正能量的影响力。

(二)影响价值观发展变化的主要因素

影响价值观发展变化的因素十分复杂,就个人而言,与所受教育、家庭背景、个性气质、心理类型、社会环境、成长际遇等因素息息相关,可以说,个人的价值观是复杂因素耦合而成,是多种因素合力的结果。就民族国家而言,与文化传统、政治主张、经济体制、时代背景、社会类型、理想信仰等因素联系紧密,一个社会的核心价值观的形成更加复杂,它是历史的选择、时代的选择、人民的选择、文化的选择等诸多因素相互作用、共同博弈的结果。价值观也是在不断变化的，从个人到社会价值观都在不断地发生着变化。一般而言，伴随着人的成长，他的价值观会逐渐地成熟定型，而一个社会的价值观也会随着社会的发展和进步而渐趋成熟和完善。

一定的物质经济条件是价值观存在和发展的物质保障。人的价值需求是不断提升和超越的，当人的低级需要被满足之后，更高级的价值需要就会凸显出来，因而加强物质经济条件的建设，不断地满足人们较低层次的生存需要，才能让人处于提升价值需求的进程和机制之中。但在现实中会发现，有些人在物质价值需求被满足之后，仍然深陷物欲之中不能自拔，导致各种丑陋的腐败、炫富等现象出现，而有些人虽然身处穷困的窘境却仍然能够表现出高尚的价值和情操。可见，物质经济条件并不总是价值观不断跃升的必要条件，在许多情况下，它更是价值观提升和进步需要克服的条件和因素。人的物质欲望是无止境的，如果不能实现价值的超越，那么就会被物欲所困。但不可否认的是，物质需要的满足对于人的高级价值需要的产生具有极大的推动和促进作用，没有物质经济条件的有力保障，价值观的作用变得非常有限，是不可能实现可持续发展的效果的，鉴于此，价值观的建设绝不能忽视物质经济基础的奠基和保障作用。

价值观的运行离不开一定的制度保障。任何价值观的有效运行，都不是精神理念的孤立存在，它不仅需要一系列宣传、教育、示范等手段和途径的支撑，而且更需要借助于对社会关系维系最有效的制度来完成，需要同制度进行有机结合，从而借助制度的力量让价值观的运行获得保障。正如有学者指出的，"理论家的任务就是，恰当地配置这些价值，并提出可以使这些价值得以调和的制度

性手段"①。有了制度的保障和依托,价值观培育就有了合法性和
有效性,价值观才会成为社会外在规范要求和内在动力方向。但
一个重要的前提是,制度的设计和安排只有在体现价值观的内在
要求时才是真正有效的。如果制度和价值观不一致或存在冲突,
那么就会造成各种各样社会怪现象的出现,比如一些符合制度要
求的做法却被认为背离价值观的取向,因而饱受争议、批评或指
责;而一些符合价值观取向的行为却得不到制度的支持和保障,甚
至受到制度的排斥、抵触。实际上,在社会的转型发展期,价值观
与制度的冲突属于正常现象,一种制度可能在一定时期是符合客
观实际和人的价值观念诉求的,但是随着社会的发展、价值观念的
改变和提升,旧的制度就会滞后于价值观的发展水平,于是就需要
去改革、创新和完善,从而让制度与价值观更加贴近和一致。因此
要把核心价值观融入国家的法律法规、政策规范、战略决策、大政
方针,以及各种具体的规章制度、日常规范、行为守则和策略举措
等各种层面的制度中去,让价值观变成一种由现实操作的程序和
取向,成为人们生活的法则和规矩,久而久之,价值观就会逐渐内
化为人的思想、精神和素养,成为人的实践理性和文化自觉。

人的文化素养对高尚价值观的形成具有重要作用。价值观与
人的文化素养有着直接的联系,文化涵养、精神品质、知识水平越
高的人,其辨别是非的能力、认识判断的能力、价值坚守的能力往
往越强,也就更能够坚定理想信念并有效抵御各种错误的价值诱
惑。反之,文化基础薄弱、文化涵养浅薄的人往往更容易被各种错
误的价值思潮所影响、裹挟、冲击,经不住各种价值考验,容易被一

---

① [英]M.J.C.维尔著,苏力译:《宪政与分权》,生活·读书·新知三联书店,1997年,第334页。

些错误的价值观所蒙蔽、欺骗、洗脑,从而走向狭隘、偏执,甚至是反动的价值道路上去。

文化教育是培养人的文化素质的重要途径,实践表明,良好的文化教育有助于帮助人们形成正确的价值观,尽管受过良好的文化教育并不是正确价值观形成的必要条件,例如在现实社会中,高学历人才违法犯罪现象比比皆是,但毋庸置疑的是,良好的文化素质更能够让人在逆境中执着文化理想、保持价值信仰、秉持高尚的价值观,接受的文化教育越多,文化素质越高,就越容易做出正确的价值选择,形成正确的价值认识,从而确立正确的价值观。由此可见,价值观建设还需从基本的文化素质、基础的文化教育、点滴的文明规范做起,这就需要不断地提高人们的思想道德素质、科学文化水平和理想信仰的自觉程度。

传统文化在一个民族的存在和发展中起着基础的作用,是价值观的重要存在领域。传统文化是一个民族根深蒂固的思想精神、价值观念和审美情趣,是该民族赖以存在和发展的文化基础,也是这个民族在历史长河中长期积淀和选择的结果,其中包含着这个民族的文化基因和特质,隐藏着这个民族的文化密码和逻辑。"一种共同文化的形成,既要抛弃传统,亦需获得传统。社会的各个部分都取得了其他传统中的某种东西,从而也获得了一种不同于其先辈们所具有的文化。它们都获得了一种先前从未有过的关于自身过去的形象。"①传统文化中蕴含着大量的价值观,因而构成一个民族、国家和社会最基本的价值观基础。中华优秀传统文化对于人的文化素养的提升起着重要作用,是社会主义核心价值观

①　[美]E.希尔斯著,傅铿、吕乐译:《论传统》,上海人民出版社,1991年,第332页。

形成的文化土壤,借助优秀传统文化的熏陶和影响,我们时代的主流价值观与社会成员之间就会有更好的衔接、缓冲和铺垫。不难看出,价值观是一种传承性的存在,尽管价值观是不断发展变化的,处于不断革新之中,但是一个社会的主流价值观是相对不变的,它会以传统文化的方式在人类社会中进行历时性和共时性的传播,确保整个民族的社会生活有序、和谐和稳定,而有些价值观的遗失和否弃,给现代社会带来许多隐患和危机。因此加强优秀传统文化的教育和学习就显得十分重要,这不仅仅是基于文化保护的意义,更是基于文化价值观的传承、创新。主流价值观的培育绝不能摒弃优秀传统文化的维度,必须在优秀传统文化和现代文化之间找到一个有效的价值通道。

在全球化时代,价值观的形成也受到外来文化及其价值观的影响。文化间的交流、交往、冲突、竞争、对话和博弈,也是价值观形成和发展的重要推动力量。人类的价值观之间有着实质性的区别,但也有千丝万缕的关联。拒绝与人类其他先进价值观的交流,无异于固步自封,把自己孤立于人类先进文明之外,最终只能导致文化发展的固化、退化和落后。世界历史的到来,让人类文明的发展超越了狭隘的地域、种族、民族的维度,人类的价值观正处于全面深化的相互作用、相互影响、相互生成的过程之中,人类文化的这种全面的交流、交往,已经成为人类社会价值观不断发展和进步的重要途径、方式,我们的时代已经摆脱那种封闭式的、民族主义的传统文化发展观,进入到全球化时代的快车道。人类的价值观再也不会狭隘地局限为本民族的价值理念、价值意识,而是各民族相互交往、相互影响的结果,这种和合的价值观更具有生命力、创造力。在全球文化交往过程中,价值观的碰撞和冲突是不可避免的,对此我们需要警惕两个极端,那就是要警惕拒斥一切外来价值观,拒绝民族文化与世界文化之间进行交流的做法,更要警惕盲目的崇洋媚外,警觉对外来价值观不加批判、反思、一味"拿来"的做法。当然,我们在积极地吸纳和借鉴人类一切优秀文明成果的同时,也要极力地推动本土的价值观走出去,让更多的人能够理解、认同我们的价值观,从而赢得更加广泛的支持力量。

(三)价值观教育:价值观发展变化的主导性力量

当今时代,文化的开放程度、传播速度已经与以往时代有了较大的不同,价值观念的更迭非常频繁且迅速,多元化的流行价值观在网络、媒体、时尚等渠道和领域快速传播,各种新鲜事物、新型媒介频出,这给主流价值观的宣传和确立带来极大的挑战。在开放的文化环境中,价值观的竞争也日趋激烈,来自世界各地的影片、动漫、流行音乐等文化产品、文化作品铺天盖地,这其中隐含着大量价值观的宣传、渗透,一旦放松警惕,这些价值观往往很容易成为人们认同,甚至追求和信仰的对象。如果我们的价值观的传播方式、培育手段落后于时代,那么人们就会对其采取阳奉阴违,甚至是反对、排斥和诋毁的态度,核心价值观就很难被人们所接受、理解和认同。因而除了进行价值观本身的建设之外,掌控价值观发展变化的一个更重要的、积极主动的措施和方式,就是进行价值观教育。加强价值观教育,有助于增强价值观同人民群众之间的紧密联系,推动价值观同人民群众的深度融合,让价值观和价值主体之间发生有效联系,通过价值观教育改变人们的价值知识、理念,提高人们的价值共识、认同,帮助人们树立正确的价值理想、信仰,从而促进人们形成科学合理、积极向上的价值观。在推动价值观发展变化的诸多力量之中,价值观教育的作用日益凸显,逐渐成为在个人及整个社会价值观发展变化过程中的主导性力量。

价值观一旦确立,方法论的问题就凸显出来。再优秀的、先进的价值观如果没有有效的方法论建构和支撑,这些价值观就无法从理论形态转化为实践形态,无法实现由知识性认识向价值性认识的转变,也就无法深入到人的思想和灵魂。价值观的方法论是一项系统工程,它需要对价值观本身、人及社会的存在和发展的规律有深刻的把握。在价值观的培育方面,我们以往的某些做法比较刻板、僵化、单一,这是当代中国价值观形成、塑造、培育中不应忽视的问题,我们要在批判继承的基础之上,积极探索更加有效的、科学的、合理的价值观的实现方式、方法、途径和策略。尤其是当今时代,价值观本身的形成、发展和变化变得更加复杂,整个国家和社会对价值观教育的要求越来越高,这就决定我们对社会成员的价值观培育,不能采用简单化、固定化、灌输式的方式,更不能搞形式主义、走过场,而应该充分利用环境、模范、媒体宣传等多种渠道开展价值观教育,采用启发式、激励式、灵活性的教育方式方法。

从时间的角度看,价值观教育具有长期性。价值观的形成不是一朝一夕、一蹴而就的,它是循序渐进、点滴累积的结果。价值观的形成、变化本身是一个客观过程,要经历波动期、调整期、稳定期等一系列的发展过程和阶段,需要反复循环且不断调试、整合、完善,才能得以最终成型和确立。价值观的形成往往是在无形之中、潜移默化之中形成的,价值观的塑造和培养是一个长期的基础性工程,需要不断地铺垫、培养、塑造。如果无视价值观形成的渐变过程,采取一味灌输式、强硬式的手段和途径,往往起不到好的作用,效果就不会很理想,即使一时有效,从长远来看将于事无补。价值观也是容易变化的领域,伴随经济社会的发展和改革开放的逐步推进,影响价值观的因素越来越多,除了经济社会发展本身会带来价值观的变化外,人们的价值观往往还会受到外来价值观的影响,因而价值观教育没有一劳永逸的捷径可走,它必然是一个长期的、艰巨的任务,践行价值观教育一刻也不能放松。

从空间的角度看,价值观的形成是环境濡化、熏陶的结果。价值观培养的手段、方式、方法固然重要,但环境也同样重要,可以说有什么样的环境就会培养出什么样的人。对于整个社会而言,形成良好的社会环境、社会风气,这对于正确价值观的形成具有举足轻重的作用。优化的社会文化环境会不断地提醒、影响、熏染着社会个体,使社会个体形成价值自觉,不断地提升和超越自身的文化层次和境界。因而价值观要想真正发挥作用,就要渗透到人赖以生存的社会环境之中,深入到维系社会关系的制度和道德、文化之中,融入人的理想信仰之中。要让价值观融入人的生活,把价值观同社会、文化、人的发展有机地结合起来,形成一个良好的价值观环境场。社会环境是价值观的诞生地,也是价值观最大的表现领域,对于价值观的塑造功能不可忽视。怎样把价值观融入社会环境中,让社会环境到处彰显社会的主流价值观,成为各种消极价值观的批判场,这就需要我们加强社会管理、舆情引导、环境优化和价值营造。

从价值观的文化属性来看,价值观的形成也是人文化成的过程。一个人的价值观最根本、最直接的来源就是他所接受的教育。教育是塑造价值观最直接、有效的途径,它是知识和文化的传播、素质和修养的培育,它一方面使人类文明得以传承,另一方面也为人的自由全面发展创造条件。在教育中,价值主体和价值客体耦合在一起,让价值观变得更加有效。但是单纯的、一味的价值观教育,其作用力量、功能效应有限,要想让价值观教育达到理想的效果,价值观教育就不能同一般性的教育活动割裂开来,价值观教育也不应该限定其范域和形式,而应该积极地把价值观教育同一般性的教育有机地结合起来,将价值观教育融入、渗透到各层次和类型的教育序列中去,让教育成为强化社会主导价值观的重要手段和途径,成为价值观培育的重要平台和场所。与此同时,也应该不断提升价值观教育的层次和水平,让价值观深入人的灵魂,变成人的一种习惯、自觉和文化,成为人们的价值原则、价值追求,乃至理想信仰,价值观也只有落实到个人,深入到文化个体的内心,才能发生文化与心灵的共振、互变和反应。

当然,价值观的形成也是个体自我设计、调节、学习的结果。每一个人都是某种价值观的接受者,但更重要的是,每一个人还是价值观的主体性存在,对价值观本身的是非、好坏、优劣有着判断力、选择权,也能对价值观形成自己独特的看法,并且能够结合实践选择价值观的接受方式、践行方式。每个人的理解力、认识力、知识结构、文化素养不同,对价值观的认识程度也不相同,正因为人们的这些不同,价值观才呈现出不同的价值画面、情形。个人的创造活力是价值观发展、发挥、实现的重要动力,个体的努力在价值观的形成、发展和变化中起着重要的作用。在现实中,个人通过身体力行去践行价值观,创新、改变、优化、完善、丰富着价值观,由于个人的努力不同、条件不同,使价值观呈现出多样性、差异性和层次性,也使价值观呈现出不平衡性和多变性,于是价值观在社会内部和特定人群之中也会形成一种内在的发展机制,主要表现为价值观的学习、探讨、研究,冲突、交锋、博弈,分化、整合、优化等,这都是价值观发展、进步的力量,也是价值观创新和完善的途径。

价值观教育要尊重价值个体的差异,加强个体的策略性的帮助和引导,让每一个人都有机会和条件成为价值观的践行者、维护者、宣传者。

媒体传播是价值观教育的重要途径和方式。价值观需要走向社会、群体,走向每个人的心灵,这样价值观才能变成活的灵魂。借助媒体的力量去传播价值观,更能凸显价值观的渗透性、无形性、生动性和有效性。经过媒体的传播,价值观被赋予更加生动、形象的形式,更容易被人所接受,无论是书籍、报纸、杂志、广播,还是电视、电影、网络、动画、广告,都更有助于价值观的传播和宣传。尤其是现代媒体在价值观教育中扮演越来越重要的角色,现代传播手段对于人们价值观的形成起着举足轻重的作用。但是一些不良媒体、不良报道给价值观教育带来难题,一些媒体为一时的功利,不惜歪曲事实、制造假象,过度报道社会的负面信息,这在无形中激化社会矛盾的同时,也让一些错误的、狭隘的、片面的价值观得以滋生、强化、放大。鉴于此,就需要加强对媒体的监管力度,提高媒体的文化自觉,重视媒体本身应该承担的文化责任,让媒体成为社会正能量的传播者。当然,也要不断提高受众识别和分析、判断价值观优劣的能力。

一个和谐美好的社会必然是充满正能量的社会,但是一个社会的正能量只能由正确的价值观相秉持。只有对良好的价值观进行培育、积淀和引领才能让一个社会涌现出越来越多的正能量。价值观关乎社会风气、文化环境,关乎伦理道德、世道良心,关乎立场方向、理想信仰,价值观问题也是关乎是非善恶、人心向背的大问题。核心价值观一旦被人民群众所认同和确立,人民群众就犹如吃了一颗"定心丸",就能够有效化解各种各样流行的价值观给主导价值观带来的冲击。一个社会确立了正确的核心价值观,社会就有了发展的价值指向和精神支撑,就有了"方向盘",就能够沿着正确的道路前进,集中力量去进行发展和建设,从而避免走上发展的歧路。国家的运行有了正确价值观的保障和维护,国家就有了"稳定器",因为它能够通过价值的设计、安排、引领、斗争,保障国家的文化安全,维护社会的稳定。价值观的牢固确立和有效践行,也让民族有了"主心骨",并赋予其青春和活力,使其真正屹立于世界民族之林。文化建设如确立了正确的核心价值观,文化发展和建设就有了"向心力",就会形成一股强大的精神动力,从而向着大发展大繁荣的方向迈进。

二、社会主义核心价值体系与社会思潮的关系

社会主义核心价值体系建设是一项长期的艰巨任务。当代中国正处于全面深化改革的攻坚阶段,整个社会处于转型之中,这必然导致人们的价值取向、思想观念、思维方式呈现出多元、多样、多变的特点和趋势。与此相关,各种各样的社会思潮也如雨后春笋般层出不穷,可以预见,伴随全面深化改革的继续进行,社会思潮必然长期大量存在。多样化的社会思潮,既给社会主义核心价值体系的构建和维系带来考验和挑战,也为社会主义核心价值体系的开拓和创新提供了借鉴和机遇。正确掌握社会主义核心价值体系与社会思潮的关系,是深刻领会社会主义核心价值体系主导地位、基本功能、现实意义的重要方法,也是明确认识社会思潮基本立场、思想观点和价值原则的重要前提。

（一）一元与多元的关系

一元与多元的关系，是社会主义核心价值体系与社会思潮之间最基本的关系样态。一元是指社会主义核心价值体系在国家社会生活中的指导地位，作为体现国家层面上的指导思想、理想信念、意识形态的核心价值体系，它对于整个国家和民族而言是共同的、唯一的，这也是维系社会健康、稳定、协调发展的保证。社会主义核心价值体系，是引领社会思潮的旗帜，具有极强的整合能力和引领能力。多元指的是社会思潮的多样化、多元化，由于受到全球化的影响和社会转型带来的主体利益分化，当代中国各种社会思潮不断出现和生成，社会思潮多元化已经成为不争的客观现实。在社会发展过程中，由于各自的经济利益、政治立场、文化素养、生活状况、身份地位、思想觉悟不尽相同，人们的思想意识、价值观念、理想信仰等难免存在参差不齐的情况，这些都会导致人们青睐某种社会思潮，进而在全社会范围内形成社会思潮多元化的局面。

一元是指社会主义核心价值体系的唯一性，但不意味着它是绝对不变的，一元的核心价值体系也处在不断地完善和优化之中，多元化社会思潮经过适当的改造、淬炼、提升，也会为社会主义核心价值体系建设提供可借鉴的成分。多元不意味着多余和没有价值，多元化的社会思潮大量涌现是人们思想活跃的体现，是社会转型、变革的表征，是改革开放的必然结果，不能武断地认为一切社会思潮都是与社会主义核心价值体系相背离和抵触的，社会思潮到底在社会当中扮演怎样的社会角色，这不仅与社会思潮自身的本质和属性有关，还与对待社会思潮的方式和态度有关，如果采取的方式和态度得当，有的社会思潮可以转化为推动社会进步的力量，反之，如果不加区分地把社会思潮看成消极存在，那么即使是积极的社会思潮也很难发挥应有的功能和效应。

社会主义核心价值体系的一元主导地位,必须通过加强自身的建设,提升其引领能力、管理水平来完成。"一"不能代替"多","多"也不能取代"一","一"与"多"既是对立的,也是统一的,要正确协调好一元主导与多元并存之间的关系,让"一"更好地指导"多",让"多"尽可能地起到补充、促进、维护的作用,从而促进"一"的丰富和完善,让"多"变成社会思想活跃、形成有益的精神的场所和渠道。

社会主义核心价值体系的一元与各种社会思潮的多样,是与当今中国的基本经济制度相吻合的,也与我们改革开放过程中所确立的开放环境直接相关,更与整个社会由传统向现代转型的社会时代背景紧密相连。多种经济成分决定价值观也会多元,社会的开放会将国际社会各种各样的价值观带入中国,社会转型则会带来利益分化、观念差异,产生不同的社会期待和有差别的评价标准。改革开放四十余年的发展实践表明:只有坚持落实并且认真践行社会主义核心价值体系,才能够有效化解多元价值观的矛盾和冲突,及时调整社会发展的前进方向,消解各种社会思潮产生的负面影响,有效调动和整合人民群众的积极性、创造性,从而更好地凝聚社会力量、达成思想共识、形成改革合力;必须警惕的是,多样化的社会思潮和多元化的价值观念,在一定程度上给先进文化的倡导、建设带来困难和挑战,客观上造成价值标准的混乱,导致理想信仰的迷失,增加思想统一的难度。

(二)引领与包容的关系

社会主义核心价值体系与社会思潮之间还存在着引领与包容的关系。要用积极引领的方式把形态各异、种类繁多的社会思潮统一到社会主义核心价值体系所确定的道路和指引的方向上来，也要通过包容、扩大社会认同和增加思想共识，最大限度地凝聚中国特色社会主义的建设力量。

1.引领关系

引领关系体现的是社会主义核心价值体系对整个社会思潮的一种态度和方法。所谓的"引领"就是指社会主义核心价值体系通过管理、支持、调控等各种手段和途径，把社会思潮引向有利于中国特色社会主义的道路上来。社会思潮一般可以粗略地分为积极的社会思潮、中性的社会思潮、消极的社会思潮三种类型，引领社会思潮就要针对不同类型的社会思潮采取不同的态度和方法，鼓励和支持积极的社会思潮，包容和引导中性的社会思潮，批判和驳斥消极的社会思潮。当前中国社会，积极的、中性的、消极的社会思潮都存在，特别应该指出的是，形形色色的消极社会思潮，与社会主义核心价值体系所倡导的马克思主义指导思想、中国特色社会主义共同理想、民族精神和时代精神、社会主义荣辱观相背离，如民主社会主义思潮、质疑改革思潮、历史虚无主义思潮、拜金主义思潮等，要对这些消极社会思潮进行积极的引领，从而为社会主义核心价值体系的践行排除障碍，使整个社会更好地形成思想共识。

处在现实社会生活中的人们，受到社会思潮的影响较大，在纷繁复杂的社会思潮面前，人们容易丧失辨别是非、美丑、善恶的标准和能力，一味地跟着感觉走、跟着潮流走，出现以错为对、以丑为美、以恶为善的现象。社会思潮是不可避免的、也是无法杜绝的，正确的、合理的、有效的方式只能是积极的引领。充分发挥社会主义核心价值体系的作用，使整个社会不断朝着先进文化的发展方向和道路前进，让先进文化的建设拥有现实的动力和机制。

社会主义核心价值体系对社会思潮的引领关系，要充分体现出社会主义核心价值体系的先进性特质。社会思潮尤其是错误的社会思潮都具有一定的迷惑性、欺骗性和误导性，某些人受此影响会陷入观念认识误区，产生思想意识偏差。这对社会主义核心价值体系建设提出较高要求，要不断地开辟路径和创新方法，使其真正地融入日常生活之中，走入人们思想和灵魂的深处。社会主义核心价值体系具有和保持先进性，是对社会思潮进行有效引领的依据和前提。社会主义核心价值体系在整个社会建设以及文化发展中要起到的作用和达到的目标，是要通过社会主义核心价值体系的引领和指导，不断增强人们的思想政治觉悟，不断提升人们的道德境界和价值观念层次，不断提高人们的认识水平和创造能力。

2. 包容关系

引领反映出社会主义核心价值体系的先进性，同时体现出社会主义核心价值体系的包容性，它是在充分尊重人们思想观念多样性的前提下，建立在正确认识社会主义核心价值体系与社会思潮之间一元与多元的辩证关系基础之上。因而社会主义核心价值体系与社会思潮之间具有包容关系。社会主义核心价值体系与社会思潮在价值主张、看法、原则、取向上，二者之间不可避免地存在不一致和冲突的地方。另外，在社会发展中，社会主义核心价值体系是相对稳定的、不变的，而多样化的社会思潮则是不稳定的、多变的。但包容并不意味着妥协，包容是有原则和限度的，对于那些威胁，甚至背离社会主义核心价值体系主导地位，特别是别有用心的社会思潮，要给予有力的抵制、批判、驳斥，引领社会思潮沿着健康的轨道前进。特别是对于一些源自西方的社会思潮要仔细甄别、深入剖析，"由于大多数西方政治思潮的政治属性与我国社会制度及意识形态存在根本差异,这就决定了西方政治思潮对我国意识形态的负面影响是这些思潮在我国发生作用的基本层面,是双重作用的主导方面"①。我们必须认识到,尽管这些社会思潮中存在的一些观点、看法及主张,对于社会主义核心价值体系的构建具有一定的借鉴性和启发性,但是毋庸置疑的是,这些社会思潮良莠不齐、优劣杂陈,其中一些别有企图的社会思潮还会在一定程度上模糊人们对事物的是非判断,破坏中国特色社会主义的发展进程,威胁社会主义意识形态安全,因而必须有效制止其干扰行为。

对社会思潮的包容要做到以下三个方面:首先,承认并尊重二者之间的差异。马克思曾经指出,每一滴露水在太阳的照耀下都闪现着无穷无尽的色彩,而精神作为世界上丰富的东西,更不应该只有一种存在形式。② 其次,要正确看待各种社会思潮存在的客观必然性。多样化社会思潮的出现,这是社会快速发展、转型,也是社会开放程度提高、人们思想活跃的表现,要理性地、辩证地看待社会思潮现象。许多社会思潮经过引领,会不同程度、不同方式地转变成建设性的社会力量。最后,要有识别、评估、预测各种社会思潮的能力。包容必须建立在理性的认识和正确的考量前提之下,只有认清各种社会思潮的本质,对社会思潮的作用力量、影响范围、过程效果有较好的评估,才能为包容提供科学的依据。

(三)主导与吸纳的关系

社会主义核心价值体系与社会思潮之间也存在主导与吸纳的关系。在处理同社会思潮关系的过程中,社会主义核心价值体系

① 张骥:《中国文化安全与意识形态战略》,人民出版社,2010 年,第 65 页。
② 《马克思恩格斯全集》(第 1 卷),人民出版社,1995 年,第 111 页。

要坚持和巩固其在意识形态领域的指导地位,从而牢牢掌握意识形态工作的主导权,与此同时,也要不断吸收、借鉴、整合和容纳多样化社会思潮提供的积极、合理因素,以此保持社会主义核心价值体系的包容性、进步性。

1. 主导关系

社会主义核心价值体系在与社会思潮的关系中确立和形成了主导地位,在对社会思潮的引领中产生和发挥着主导作用。要从有利于维护社会主义核心价值体系主导地位的立场出发去处置与社会思潮的关系,在如何对待社会思潮的问题上要突出社会主义核心价值体系的主导作用。毫无疑问的是,社会主义核心价值体系的主导对于中国社会的现在和未来都是须臾不可离开的。只有维护社会主义核心价值体系的主导地位,社会思潮才能在积极意义上发挥其作用,不对社会主义意识形态的安全构成威胁,甚至其中的某些积极因素可以转化成推动文化进步的建设性和正向性力量。也只有不断凸显社会主义核心价值体系在同社会思潮关系中的主导作用,才能逐步增强整个社会的聚合力和向心力。

社会主义核心价值体系对社会思潮主导关系的确立和形成,对社会主义核心价值体系存在和发展的形态提出更高要求。一方面,要不断提升、丰富和拓宽社会主义核心价值体系的理论研究和建设,尤其是巩固马克思主义指导地位的工作时刻不能放松,要加强马克思主义的中国化、时代化、大众化的理论和实践自觉。邓小平曾经指出:"属于文化领域的东西,一定要用马克思主义对它们的思想内容和表现方法进行分析、鉴别和批判。"[①]作为党和国家的

---

① 《邓小平文选》(第三卷),人民出版社,1995 年,第 44 页。

指导思想,马克思主义构成社会主义核心价值体系的理论基石和精神支柱,它关乎社会主义核心价值体系的性质和方向,因而要及时把马克思主义中国化最新成果应用于国家与社会的建设和发展之中,夯实和提升社会主义核心价值体系的主导地位与指导功能。另一方面,要不断促进社会主义核心价值体系的大众化。社会主义核心价值体系只有真正地深入人心,被群众所理解、接受、掌握和有效运用,变成人们内在的精神需求、价值信仰,才能牢固确立主导地位和充分发挥主导作用。社会主义核心价值体系如果不能够彻底实现大众化,那么就不能很好地让人民群众掌握,社会主义核心价值体系的优势和作用也就无从谈起。因而社会主义核心价值体系不能只有理论形态、学术形态、抽象形态而没有大众形态,要让社会主义核心价值体系有机地融入生活、艺术、教育、宣传等不同领域和活动之中,从而真正地被人民群众所掌握。

2.吸纳关系

社会主义核心价值体系也需要不断地丰富、发展和创新。恩格斯曾经指出:"当我们深思熟虑地考察自然界或人类历史或我们自己的精神活动的时候,首先呈现在我们眼前的,是一幅种种联系和相互作用无穷无尽地交织起来的画面。"①社会主义是人类社会历史发展到一定阶段的产物,它内在于整个人类社会历史发展进程之中,社会主义核心价值体系同样隶属于人类整体的价值系统。虽然社会主义核心价值体系在社会主义国家处于主导地位及起到引领作用,但并不排斥作为一种价值体系,它与民族的优秀传统文化、人类其他文明的价值体系的联系。社会主义核心价值体系能

---

① 《马克思恩格斯全集》(第25卷),人民出版社,2001年,第386页。

够处理好价值的承继、借鉴,从而形成社会主义核心价值体系同社会思潮之间的吸纳关系。

社会主义核心价值体系应该成为社会思潮中积极因素的吸纳者,这需要做好以下三个方面的工作:首先,对社会思潮的性质要有正确的判断和把握,对社会思潮所蕴含的某些积极因素的承认和尊重,这是对积极的社会思潮进行吸纳的前提和条件。其次,要树立社会主义核心价值体系的文化自信。在坚定社会主义核心价值体系的核心地位的同时,吸纳多样化社会思潮蕴含的某些合理价值因素,坚信社会主义核心价值体系具备消化和吸收其他有益价值的能力、评判和识别价值与是非的能力、抵御和削弱消极腐朽社会思潮冲击的能力,从而能够区别对待性质和类型各异的社会思潮。最后,社会思潮要转化成对社会主义核心价值体系建设有益的成分,必须经历一个扬弃的过程。社会思潮是一个复杂的社会意识现象,既有积极的社会思潮、中性的社会思潮,也有消极的社会思潮,因而对社会思潮所蕴含的价值观念、取向等,必须经过深刻的批判、创造性转化、综合性整合的过程,方能被社会主义核心价值体系所吸纳。

社会主义核心价值体系是社会主义意识形态的核心内容和本质体现,它关乎中国特色社会主义发展前进的方向,是中国特色社会主义建设必须遵循的价值选择方向;社会思潮是一定时期社会生活现实的客观反映,对处于全面深化改革的当代中国而言,各种社会思潮的出现同样不可避免。要充分发挥社会主义核心价值体系的引领功能和作用,削弱和降低社会思潮有可能给人们价值观带来的冲击、威胁和损害,在全社会形成最广泛的社会思想共识。

▶第四章
教育、精神文明和党的建设对引领社会思潮的作用

习近平总书记在 2013 年 8 月 19 日召开的全国宣传思想工作会上明确指出："经济建设是党的中心工作,意识形态工作是党的一项极端重要的工作",强调"宣传思想工作就是要巩固马克思主义在意识形态领域的指导地位,巩固全党全国人民团结奋斗的共同思想基础","要深入开展中国特色社会主义宣传教育,把全国各族人民团结和凝聚在中国特色社会主义伟大旗帜之下","坚持团结稳定鼓劲、正面宣传为主"。这不仅体现出党中央对意识形态工作高度重视,也表明宣传思想工作的任务和要求提升到了一个更高的阶段。这就要求我们必须掌握好用社会主义核心价值体系引领社会思潮的方法和途径,以掌握意识形态建设的主动权和话语权。我们必须根据社会主义意识形态发展的规律,在把握各种社会思潮的基本特点、本质内容、表现形式的基础上,探索、寻找引导社会思潮健康发展的科学方法。

方法是连接相互作用的主体和客体之间的中介因素,是人们达到预期目的的一种手段、工具、途径、技术和范式。列宁曾说："方法也就是工具,是主观方面的某个手段,主观方面通过这个手

段和客体发生关系。"①毛泽东曾说:"不解决桥和船的问题,过河就是一句空话。不解决方法问题,任务也只是瞎说一顿。"②所以方法在目标任务确定之后就具有了决定性意义。以社会主义核心价值体系引领社会思潮,就是要巩固马克思主义在意识形态领域的指导地位,用社会主义核心价值体系引领社会思潮,实质上是马克思主义作为一种信仰广泛传播和普及,融入人们生产、生活和精神世界的过程。从方法的角度看,社会主义核心价值体系培育和践行的过程,是宣传教育、示范引领、实践养成的有机统一过程,也是政策保障、制度规范、法律约束的有机统一过程。只有找准社会主义核心价值体系培育和践行的有效办法和途径,找到一种能让社会各方面的作用形成合力的体制机制,找到一种能为接受主体所乐意接受的途径和方法,引领才能起到事半功倍的效果,才能让社会主义核心价值体系真正成为社会的主流价值观和主导价值观。

一、纳入国民教育体系,贯穿精神文明建设 和党的建设全过程的适宜方式

社会思潮是一种特殊的社会意识,是社会的"晴雨表"和"风向标"。当今不同的利益主体都有自己的利益诉求,人们的思想正在发生广泛而深刻的变化,思想日趋多元、多变、多样,以社会主义核心价值体系引领社会思潮、凝聚社会共识的任务比以往更加艰巨。世界范围内思想文化交流、交融、交锋日益频繁,各种思想问

---

① 列宁:《哲学笔记》,人民出版社,1956 年,第 207 ~ 208 页。
② 《毛泽东选集》(第一卷),人民出版社,1991 年,第 139 页。

题相互叠加、集中呈现,如新自由主义思潮、民主社会主义思潮、拜金主义思潮等异常活跃,各自表达着不同社会阶层不同的利益诉求和价值取向。这就要求我们更加关注各种社会思潮的发展趋势和动向,探索更加科学有效的引领社会思潮的方式、方法,因为方式、方法决定着传播者和接受者如何去推行与接受,应该大力创新处理主流意识形态和非主流意识形态的方式方法。当前最有效的方式、方法应该是易为主体接受的、纳入国民教育体系,贯穿于精神文明建设和党的建设全过程的适宜方式,是基于受众的心理需求与动机的方法,是选择与强调、明示与暗示相结合的方式。具体来说有如下的方法。

(一)发展社会主义先进文化,实现对社会思潮的有效整合

当前文化在综合国力竞争中的地位和作用更加凸显,要实现对社会思潮的有效引领与整合,就必须充分发挥先进文化的主导、统领、整合作用,用先进文化规范、约束社会思潮的发展,统一人民思想,把社会主义核心价值体系深度渗透于人民大众的生活方式、行为方式和思维方式中,使其潜移默化影响、引导社会思潮。文化对大众的影响往往具有长期性和稳固性,目前"抢夺话语权,借机植入资本主义意识形态,是当今西方国家进行意识形态渗透的基本手段"①。面对各种社会思潮冲击、威胁、侵蚀主流意识形态权威地位和指导功能的情势,我们要靠更为强大的真理与逻辑的力量。首先要深化马克思主义理论研究和建设,发展社会主义先进文化,增强社会主义意识形态的吸引力和凝聚力,通过生产优秀精神文化产品,寓教于文、寓教于乐,增强社会主义主流意识形态对社会

---

① 李艳艳:"警惕西方意识形态渗透的新型话语工具",《红旗文稿》,2014 年第 13 期。

生活和人们思想的引导力、说服力和感召力。

其次打铁还需本身硬，当前我们应当利用好在宣传、普及马克思主义方面所具有的得天独厚的巨大优势和便利条件，从增强理论内容的创新性、现实性入手，锻造好思想武器，保证我们的看家本领的科学性、真理性和先进性。社会主义核心价值体系是兴国之魂，在我国主流意识形态中居于支配地位，它体现了社会主义先进文化的精神价值，在全社会形成推动人们崇德向善的强大力量。马克思主义指导思想、中国特色社会主义共同理想、以爱国主义为核心的民族精神和以改革创新为核心的时代精神、以"八荣八耻"为主要内容的社会主义荣辱观，是当代中国文化的"魂"，各种形式的精神文化产品则是承载文化精神价值的"体"，担负着弘扬社会主义核心价值体系的重要责任。要引导文化工作者和文化单位确立正确的价值坐标，用高质量的优秀作品生动形象地表现和传播社会主义核心价值体系，以思想的力量、艺术的魅力感召群众、打动人心。要加强精神文化产品的创作生产规划，加大对优秀作品的扶持和推广力度，使弘扬主流价值的精品力作不断涌现，并在全社会得到广泛传播。要始终坚持把社会效益放在首位，讲导向、讲品位、讲格调，坚决抵制低俗之风和消解主流价值的倾向，努力形成有利于推进社会主义核心价值体系建设的良好文化生态。

最后要更加重视和善于运用影响大众生活方式、生产方式及思维方式、行为方式的文化元素，发挥正面宣传的权威性和公信力优势，形成有利于社会主义核心价值体系认同的舆论强势，唱响团结、稳定的主旋律，传播正能量，掌控文化话语权，把社会主义核心价值体系渗透到人民大众的生活方式、行为方式和思维方式中去，让人民大众在文化熏陶和艺术享受中接受社会主义核心价值体系。

（二）在全面了解并深入研究社会思潮的基础上，在分析、评判各种社会思潮中引领社会思潮

正确辨析各种社会思潮，掌握社会思潮的各种特点及影响，才能有效引领各种社会思潮。我国社会思潮具有复杂性和多样性特点，价值观多元的现实土壤还将长期存在。要有效引领各种社会思潮，就必须首先深刻把握被引领对象，对其进行深入研究，正确辨析各种社会思潮，特别是要对各种社会思潮的消极、落后方面有深入全面的了解、认识和分析、评判，及时识破一些消极思潮的虚伪性，这样才能有针对性地加以抵制、批判、化解。当然，引领不是简单取代或粗暴压制，甚至排斥打压，而是要运用马克思主义的立场、观点和方法分析、研究各种社会思潮的思想内容和表现形式，对各种思潮的正确与错误、先进与落后、积极与消极有总体的认识和政治方向上的辨别。

针对负价值的错误性政治思潮，要敢于"亮剑"，采取批驳式的引领方式，比如对新自由主义、民主社会主义、历史虚无主义、普世价值、宪政民主等社会思潮，要在深入研究的基础上，用马克思主义的立场、观点和科学方法给予有理、有据、有力地分析、批判。

针对中性价值的思潮，要注意取其精华，采取包容式的引领，引导其向好的方向发展，"对中性的社会思潮，要进行客观分析，把握其发展动向。要充分认识中性社会思潮存在的两面性和不确定性，避免演化为负面的社会思想情绪和思潮，注重引导这些思潮沿着积极健康的方向发展，并逐步融入积极的社会思潮之中，成为积

极社会思潮的一部分"①。针对学术问题,要贯彻"双百"方针,提倡民主讨论、平等交流。如社会转型期民众民生利益思潮与新社会阶层的利益新期待思潮等。核心价值体系在发挥价值整合作用中要充分尊重差异,包容多样,尊重个体合理价值的需要和追求,要积极寻找价值认同的契合点,探索价值认同的有效方法,努力使更多的社会成员形成价值共识,使更多的社会成员形成积极向上的凝聚力。

针对具有正价值的社会思潮,应采取吸纳式的引领方式。比如对于生态主义、现代化思潮、大众文化等一些具有正价值的社会思潮,要解释其作用机制,对它们的引领,应包括吸收、借鉴这些社会思潮中的合理因素,促进主流意识形态建设。社会主义核心价值体系属于意识形态,对社会思潮的引领和凝聚作用,只有在人们自觉接受和广泛认同的基础上才能发挥,要发挥社会主义核心价值体系的引领作用,就要以社会主义核心价值体系作为评判准则,大力宣传正确的思想,增强教育的主动性和实效性,通过释疑解惑,明辨是非,使正确的理想信念在思想交流、交锋中进一步明晰起来、树立起来。对各种社会思潮的理论基础进行辨析,掌握社会思潮的各种特点及影响,揭露错误思潮的思想危害,提高人们明辨是非的理性思维能力,自觉抵制各种不良社会思潮的影响和侵蚀,而所有这些问题都要靠说理、靠教化。

同时用社会主义核心价值体系引领社会思潮,必须充分认识到理论灌输的重要意义。这是因为:一方面,中国社会存在着复杂

---

① 张骥:《马克思主义意识形态引领多样化社会思潮若干问题研究》,人民出版社,2013年,第4页。

多样的社会思潮,非马克思主义、反马克思主义等各种社会思潮和各种价值取向同时存在。另一方面,人的思想品德的形成和发展离不开思想道德意识的外在灌输。要把社会主义所倡导的核心价值体系转化为个体自觉行为,必须把社会主义核心价值观灌输给受教育者,通过受教育者的思想内化,产生对社会主义核心价值体系的理性认同。

(三)纳入国民教育体系,采取适合青少年身心特点和成长规律的方法

习近平总书记强调,培育和弘扬社会主义核心价值观要从娃娃抓起,从学校抓起。校园是引领社会思潮的重要阵地,践行社会主义核心价值体系,让其进校园、进课堂、进学生头脑是当前社会主义核心价值体系引领社会思潮的重要方面,也是教育系统落实立德树人根本任务的题中应有之义。国民教育是面向全体国民,以提高国民素质、服务社会发展需要为目标的普适性教育。青少年是祖国的未来、民族的希望,学校是社会主义核心价值体系建设的重要阵地,其使命在育人。

用社会主义核心价值体系教育引导青年学生,重点和难点都是如何做到潜移默化、润物无声。融入国民教育,首先是融入中小学教育,融入中小学教育,需要全方位进行。具体来说,就是融入学校教育教学管理全过程,就是融入各门课程、社会实践、校园文化,以及班主任工作、学校日常管理等具体环节。课堂教学是社会主义核心价值体系教育的主渠道,要把各门课程蕴含的社会主义核心价值体系教育资源充分开发出来,把各门课程中社会主义核心价值体系的育人功能充分地发挥出来,使学生在课堂学习的过程中受到教育。

社会主义核心价值体系融入国民教育全过程,就是要与智育,以及其他各项工作结合起来,这无疑是一个更具合理性的选择。这就要求我们必须整合、调动一切教育资源,实现德育手段的潜在性和多样性,以学生喜闻乐见的方式开展德育活动,注重受教育者的体验和参与,真正做到以情动人、以事感人、以理服人。具体到学校德育工作来说,"融入"就是要在充分发挥显性德育课程和思想政治理论课主阵地作用的同时,努力挖掘各门学科和专业课程蕴含着的德育元素,通过有效的课程设计和教学组织,采取参与式、启发式、讨论式和研究性学习等教学方式,把知识的传授、技能的培养以及情感的熏陶统一于课堂教学之中,使学生在接受知识的同时,也形成积极的情感体验和价值认知,使社会主义核心价值体系渗透于每一门学科的教学过程之中。

把社会主义核心价值体系融入国民教育全过程,也必须突出学校德育工作的系统性和层次性。要把社会主义核心价值体系纳入国民教育总体规划,以建设社会主义核心价值体系为根本,围绕"两个一百年"奋斗目标和中华民族伟大复兴的中国梦这个全党全国工作的大局,在事关大是大非和政治原则问题上,增强工作主动性,掌握主动权,提高引领能力,切实加强和改进未成年人思想道德教育和大学生思想政治工作。把社会主义核心价值体系融入国民教育全过程,注重"全过程",德育功效必须经过一个长期的、反复的不断提高和发展的过程,而不是几次教育活动就可以实现的。必须把社会主义核心价值体系纳入基础教育、高等教育、职业技术教育、成人教育各领域,落实到教育教学和管理服务各环节,覆盖到所有学校和受教育者。学校办学理念、思想、传统归根结底体现了价值追求,内核是价值。培育和践行社会主义核心价值体系必须从小抓起、从学校抓起。人的成长是一个连续的生命过程，只有从启蒙开始就接受社会主义核心价值体系的沐泽熏陶，才能把青少年理想信念的根基筑牢。

要做到这一点，一个重要途径是要积极探索符合当代青少年思想特点和成长规律的方式方法，科学有效地把社会主义核心价值体系体现到学校教育的各个方面，真正做到进教材、进课堂、进头脑。国民教育序列中不同学龄段、不同层次的青少年有着不同的思维能力和认知水平，其思想变化也是阶段性的。培育和践行社会主义核心价值体系还要适应青少年身心特点和成长规律，完善思想教育方法，创新中小学德育课和高校思想政治理论课教育教学方法，提高教学的针对性和实效性。大家都知道，作为物质食粮的儿童奶粉是要根据年龄分段的，同样，作为精神食粮的社会主义核心价值体系也需要根据青少年的年龄特点来"配方"。融入工作必须注意这种阶段性特点和阶段性变化，区别对待，循序渐进，层层展开，要将社会主义核心价值体系融入和渗透其中，使之成为贯穿国民教育全过程的核心内容。

美国教育家杜威曾说："一切教育的最终目的是形成人格。"[1]德育是逐步提高受教育者思想道德素质的过程，是培养健全人格的过程。我们之所以要把培育和践行社会主义核心价值体系融入国民教育全过程，要求实现受教育者思想道德素质的可持续发展，就是要让教育在传递知识的过程中塑造有理想、有信念、有责任感的人。党的十八大以来，习近平总书记强调青年要自觉践行社会主义核心价值体系和核心价值观，要求我们注重德育的过程性，特

---

① 赵祥麟、王承绪编译：《杜威教育论著选》，华东师范大学出版社，1981年，第98页。

别是注重影响受教育者价值选择和价值取向的各种因素,坚持从"大处着眼,基础抓起",按照教书育人、管理育人、服务育人、全员育人的要求,总揽全局、统筹规划,推动制度创新、机制创新,协调各方面力量共同参与德育工作,优化德育环境。

社会主义核心价值体系融入国民教育全过程,要求国民教育系列的各级各类学校大力营造优于社会环境的独特德育氛围,时时处处体现德育的过程;要组织和鼓励开展社会实践活动,尤其要注重开展校园文化建设活动,保证学生有时间、有机会走向社会,参与志愿者活动、社会调查、军事训练、科技文化活动,以及社会劳动、社区服务等活动;要逐步完善学生德育考评的指标体系和考评办法,并把考评结果纳入学生综合素质考核指标体系中,与评优、升学制度挂钩,推动德育工作的规范化和制度化。价值观需要行为的体验才能内化于心,价值观的目的及价值观自身的价值就在于它见诸行动。因此我们还必须注重发挥社会实践对青少年的养成作用,完善实践教育教学体系,开发实践课程和活动课程。

要着力构建学校、家庭、社会紧密协作的教育网络,动员社会各方面共同做好青少年思想道德教育工作,不断促进青少年形成正确的思想道德观念。社会实践是社会主义核心价值体系教育的生动形式,是中小学生体验社会主义核心价值体系、树立社会主义核心价值观的重要途径。党的十七届六中全会要求学校开展理想信念教育、形势政策教育、国情教育、革命传统教育、改革开放教育、国防教育、民族精神教育、时代精神教育、民族团结教育、法制教育等,这些都可以也应该在不同类型的社会资源中进行。开展社会实践,要挖掘课程和社会两个资源,牵动学校和社会两个力量,实现全党全社会共同实施未成年人思想道德建设的目标。要政策推动,着力解决限制中小学社会实践的安全、经费、时间、场所等薄弱环节,整体推动,为学校开展社会实践创造条件。要营造氛围,在全社会倡导凡是社会公共资源都有责任和义务为中小学教育服务的理念。要建立机制,各有关部门以及行业主管机构,要制定具有各行业特色、可供中小学上课使用的社会实践基地标准和实践课程实施方案,并建立一批示范基地,挖掘学科和社会两个德育资源,用社会实践把学校教育、家庭教育和社会教育串联起来。

（四）贯穿于精神文明建设的适宜方式

把社会主义核心价值体系融入精神文明建设全过程,使其成为指导人们改造主观世界和客观世界的强大武器,才能把积极的人生追求、高尚的情感境界、健康的生活情趣传递给人们,在潜移默化中培育正确价值取向、增进思想认同。

要通过思想道德建设和教育科学文化建设引导社会思潮。精神文明建设的一项基础性工作就是思想道德建设和教育科学文化建设,这是培育和践行社会主义核心价值观的主战场、主阵地。精神文明建设担负的使命更加光荣艰巨,各种社会思潮要在思想道德建设和教育科学文化建设中得到正确的引导,在关切人民群众的利益诉求和价值愿望中、在最大限度凝聚社会共识中、在增强宣传思想工作活力中、在坚持正确导向中引领,使之朝着有利于实现社会预期目标的方向发展。精神文明建设是在人的精神领域搞建设,直接影响人们的思想观念、价值判断、道德行为,要着眼于满足人们精神文化需求,要针对丰富精神文化生活越来越成为我国人民的热切愿望,以及人民群众日益增长的文化精神需求和社会转型期社会思潮的多元化的实际,运用各种手段和载体,对社会主义核心价值体系进行深度阐释、解读。不论是媒体的阐释、理论的宣讲,还是课堂的教育,都要确保所有的文化阵地、文化作品、文化活动都能符合和体现社会主义核心价值观的要求。

要强化精神文明建设的体制机制,不断净化人民群众践行社会主义核心价值观的社会文化环境。经济社会文化生活的各方面都蕴含和体现着价值导向,都能对人们的价值选择、价值取向产生重要影响。社会思潮关涉对利益诉求的表达,引领思潮必须从人民群众利益的关注点入手,把引领社会思潮同解决人民群众最关心、最直接、最现实的利益问题结合起来,推动精神文明建设各项任务落实到基层,把社会主义核心价值体系的要求融入各种精神文明创建活动之中,不断夯实形成社会思想共识的群众基础。要根据受众的接受心理、思维习惯等,组织开展各类社会主义核心价值观主题教育实践活动,使社会主义核心价值观成为广大干部群众精神生活的“主旋律”,要拓展共建领域,创新活动载体,发挥文明城市、文明村镇、文明行业、文明社区、文明单位的示范作用。吸引群众广泛参与,要在各类群众性精神文明创建活动中体现社会主义核心价值体系的要求,吸引群众广泛参与,让群众参与的过程成为践行社会主义核心价值体系的过程。要开发、利用富含正确价值导向功能的生活资源,把理论宣传同人民群众的生活和实际结合起来,把理想信念教育同解决群众的实际困难和问题结合起来,充分利用直接的、鲜活的思想资料和经验材料作为理论宣传教育的真实、完整的载体,要从历史发展的真实情形出发去诠释历史,让大众对马克思主义科学理论的理解真正建立在坚实的感性基础之上。

引领社会思潮就是给整个社会以正确的导向,在全社会形成统一的指导思想、共同的理想信念、基本的道德规范。为达到这一目标,必须不断提升社会主义核心价值体系自身的科学性、先进性,完善理论构建体系,必须大力实施马克思主义理论研究和建设工程,不断增强自身的说服力和感召力,要大力推进理论创新,不断赋予社会主义核心价值体系鲜明的实践特色、民族特色、时代特色,增强社会主义核心价值体系联系实际的能力,提高其对社会需要的满足度,"理论只要说服人,就能掌握群众;而理论只要彻底,就能说服人"。哲学、政治思想、法律思想、道德、艺术、宗教等,也是社会意识形式的重要载体,加强这些相关学科的建设也能增强人们培育和践行社会主义核心价值观的坚定性和自觉性。

要有效引领多样化社会思潮,还要充分利用理论宣传、社科普及平台载体,把社会主义核心价值体系贯穿于各级各类媒体宣传报道之中,在宣传形式、传播方法上不断创新,牢牢把握正确舆论导向,弘扬真善美、贬斥假恶丑,在精神文明建设中,在新的历史条件下对多样化社会思潮进行分析、认识,在尊重差异中扩大社会认同,在包容多样中增进思想共识,唱响社会主义核心价值体系的主旋律。

(五)贯穿于党的建设全过程的适宜方式

所谓贯穿于党的建设全过程的适宜方式,就是引领工作融入党建的各个方面,即融入党的思想建设、组织建设、作风建设、制度建设和反腐倡廉建设各个方面,且形成有效融入的制度、机制。党的组织、制度、作风、反腐倡廉建设都要充分体现社会主义核心价值体系建设的要求,要根据党员的思想需求及行为特征,切实创新社会主义核心价值体系融入党建的路径、方式方法,形成有效融入的体制机制,确保党组织和党员率先传播和践行社会主义核心价值体系。

马克思曾提出,"统治阶级的思想,在每一个时代都是占统治地位的思想。这就是说,一个阶级是占统治地位的物质力量,同时也是这个社会上占统治地位的精神力量"①。一方面,社会主义意识形态的先进性是具体的、历史的,是体现在党员干部的精神风貌中的,是需要执政党坚实的政治、思想和组织保证的,需要最大限度地利用执政资源和国家机器使其渗透到社会意识的各个方面。另一方面,社会主义核心价值体系需要相应的人格力量作为支撑,需要富有时代特色的先进典型来诠释,因为"任何章程,任何纲领,任何管理机构,不论它设想得多么精巧,都不能代替人格在教育事业中的作用"②,传播社会主义核心价值体系同样也需要党员和党组织的榜样示范力,以直接印证先进思想政治理论,激发受教育对象对先进的思想政治教育理论的接受欲望和接受行为。党员干部既是社会主义主流意识形态的引领者又是社会主义核心价值体系的实践者,广大老百姓往往是从他们周围的党员干部来看待我们党的形象,来认同社会主义的核心价值体系。所以社会主义核心价值体系引领社会思潮必须以党员干部模范践行为前提,必须更多地发挥党组织和党员的模范带头作用,特别是充分发挥党员领导干部的示范作用。党员领导干部如能以身作则、率先垂范,引导和带领大众践行社会主义核心价值体系,必然会带动全社会对社会主义核心价值体系的认同,因为党员干部是手中掌握着一定的公共权力的人群,他们的政治地位和工作性质决定了他们对引领社会思潮具有重要的作用。他们作为党的理论、路线方针政策的

---

① 《马克思恩格斯全集》(第3卷),人民出版社,1986年,第76页。
② 乔建中:《中外教育经典名著速读》,南京师范大学出版社,2007年,第87~88页。

决策者和传播者,如果他们用马克思主义的立场、观点和方法思考问题、分析问题、解决问题,形成正确的世界观、人生观、价值观,成为社会主义核心价值体系的模范践行者,对于提升广大群众的马克思主义理论水平和运用能力,对于广大群众传播和践行社会主义核心价值体系,具有很大的示范效应。

"典型引路,全面开花"不失为引领社会思潮的一个重要抓手,也是党和政府一贯的工作思路。典型是能够把一般和个别联系起来的特殊事物,它具有广泛的代表性,蕴藏着事物的本质与内在规律性,人们通过认识典型能够认识事物的全部并指导全局。实践证明,先进榜样以其显著的工作业绩、高尚的道德风貌和强大的人格魅力成为引领时代进步的亮丽明灯,用先进榜样感染群众,比单一说教更富有说服力、影响力和感染力。把社会主义核心价值体系有效融入党的建设全过程,就是要使党员和各级党组织成为传播和实践社会主义核心价值体系的先锋模范和坚强堡垒,要加强和改进党的思想建设,提高党的意识形态工作的科学化水平。社会主义核心价值体系需要转化为全社会的实际行动,"各级党委、政府是领导科学发展的核心力量,也是引领社会思潮的核心力量,具有引领多样化社会思潮的政治优势。各级党委、政府都承担着加强意识形态领域引导和管理,牢牢掌握相关工作领导权、话语权的政治责任和领导责任;承担着根据社会思潮的动向掌握不同群体的思想状况,科学组织群众、宣传群众、引导群众、教育群众、服务群众的重要职责;承担着不断提升正确引导社会思潮能力和水平的重要职责。在全面深化改革过程中,各级党委、政府要广开言路、集思广益,把宣传、教育群众与为群众办好事、办实事、解难事,维护群众正当权益结合起来,真正发挥凝心聚力、整合多样化社会思潮的核心作用"①。

二、探索运用法治思维、方式引领社会思潮的办法

法律是规范人们道德、价值观的"硬约束力",法治是人类文明进步的重要标志,是实现国家治理体系和治理能力现代化的必然要求,应贯彻到治国理政的方方面面。健全的法治提供制度保障和良好的外部秩序,对核心价值体系引领社会思潮具有不可替代的作用,要做好引领工作,就必须充分发挥法治在国家意识形态建设中的重要作用。引领社会思潮总是在一定的法治环境下进行的,加强社会主义核心价值体系引领社会思潮的工作,要纳入到法律制度建设中、贯彻到依法治国的方略中。

社会主义核心价值体系引领社会思潮,不能仅限于宣传教育,还需法律约束发挥作用。因为宪法和法律本身也承载着一个国家和社会最主流的价值观。党的十八大报告提出"三个倡导",明确将"法治"纳入社会主义核心价值观,依法治国已经确定为我国的基本方略,法治已经成为我们的核心价值观。法治首先是一种涉及整个国家和社会的制度设计或安排,对于不断优化其引领环境,在社会层面上助推公序良俗和文明风尚的形成,营造良好的引领氛围具有重要意义,所以必须把社会主义核心价值观体现到经济社会建设各方面的政策法规和行为规范中。在把以德治国和依法治国结合起来的过程中,在建设社会主义法治国家的过程中,综合运用法律、法规等手段,使社会主义核心价值体系牢牢占据舆论主

① "在凝聚共识中引领社会思潮",《人民日报》,2014 年 7 月 23 日。

渠道、教育主阵地、公共文化娱乐主要场所。

用社会主义核心价值体系引领社会思潮必须借重法治积极的引领和保障,将价值观转化为制度设计,形成长效机制,以保证能够在社会主义法律和道德规范的框架内去推动。

要积极促进社会主义核心价值体系化为法律规定和制度设计,用法律权威和制度规范来强化社会主义核心价值体系的引领作用,要"建立长效机制,固化于制。培育和践行社会主义核心价值体系,必须要有长效机制作保证。要建立统筹协调机制,结合推进国家治理体系和治理能力现代化的实践,结合全面深化改革的进程,做好有关政策、法规的制定和修订工作,使之有利于培育和践行核心价值体系"①。此外,还要充分发挥政策的导向作用,使经济、政治、文化、社会等方方面面的政策都有利于社会主义核心价值体系建设,防止出现具体政策措施与社会主义核心价值体系相背离的现象,各种社会管理制度也具有维护生产、生活秩序的作用,也承担着倡导主流价值观念的责任,要把社会主义核心价值体系融入其中,建立健全有效的激励、约束机制,注重在日常管理中体现价值导向,使符合社会主义核心价值体系的行为得到鼓励,违背社会主义核心价值体系的行为得到制约。包括"完善对善行义举的保护激励机制,强化政策制度的激励与约束作用,使先进人物和道德模范生活有保障、有依靠、有尊严,让体现社会主义核心价值观要求的行为得到全社会的认同、鼓励和支持"②。要以社会主义核心价值体系为指导,健全各行各业的规章制度,完善市民公

---

① 周世敏:"培育和践行核心价值体系关键在落细、落小和落实",《光明日报》,2014年11月5日。

② "雷锋精神是核心价值观建设的宝贵财富",《人民日报》,2014年11月3日。

约、乡规民约、学生守则等行为准则,使社会主义核心价值体系成为人们日常生活的基本遵循。

▶第五章
榜样示范对于社会主义核心价值体系引领社会思潮的作用

伟大时代呼唤伟大精神,崇高事业需要榜样引领。道德模范是社会道德建设的重要标杆,是道德实践的重要榜样。党的十八大以来,习近平总书记曾多次强调,要充分发挥道德模范的榜样力量,用他们的模范行为和高尚人格感召群众、带动群众。2019 年,在全国各族人民共同庆祝中华人民共和国成立 70 周年之际,我国有史以来首次开展了国家勋章和国家荣誉称号的集中评选、颁授,隆重表彰那些为国家建设和发展作出杰出贡献的英雄模范人物,充分彰显了党和国家对英雄模范的尊崇,更彰显了全社会敬仰英雄、学习英雄的良好风尚。正如习近平总书记所说的,英雄模范的身上生动体现了中华民族精神和社会主义核心价值观,他们的事迹和贡献将永远写在共和国史册上,不断引领人民前行。榜样示范是一种有声的力量,也可以说是一本生动、鲜活的教科书,榜样示范是一种重要的德育方法。在思想道德建设中,运用体现社会主义核心价值体系和价值观的榜样示范,可强化社会主义核心价值体系和价值观对各种社会思潮的引领,有利于全党全社会进一步巩固、夯实统一的思想道德根基、坚定共同的理想信念、凝聚强大的精神力量。

一、榜样示范对社会价值观的导向作用

榜样示范可敬、可亲、可信、可学,能够使我们倡导的社会主义核心价值体系、价值观变得生动、形象。榜样示范像前进路上的明灯,"点燃一盏灯,照亮一片"。他们的感人事迹、崇高品格可以引导广大干部群众在实现中国梦的火热实践中,把社会主义核心价值体系和价值观的要求不断转化为群体意识和自觉行动。

(一)榜样示范的内涵

榜样示范,从语法修辞的角度讲,由"榜样"和"示范"两个词组成。"榜样",《现代汉语词典》对其的解释为:"榜样是值得学习的好人好事。"《辞海》中对其定义为:"榜样是在各个历史时期内产生的同类事物中最突出或最具有代表性的人或事,又称先进典型。"从实践的角度看,在一些特殊的地方、特定的历史时期,有些国家和社会所树立的榜样并不具有先进性,反而在一定程度上会对人们的思想意识造成大的负面影响。

我们对榜样的界定是从褒义的立场来分析的。具体来讲,我们认为"榜样"就是指对人们具有感召、激励、引导作用,能激发和促进人们自觉追求、学习和效仿的对象,一般是指社会群体中比较优秀、先进、杰出的人物。"榜样"是一种载体,即承载着榜样主体一定的品德、个性,承载着优良的思想道德和先进的主流价值。"示范"顾名思义就是做出榜样或典范,供人们学习。思想道德教育中的榜样示范是指教育者在组织实施道德教育的过程中,在受教育者面前树立各种道德榜样,使受教育者受到熏陶和引导,将良好的道德行为实施于工作、生活和人际交往中,从而形成良好道德品质的教育方法。

(二)榜样示范对社会价值观的导向意义

价值观是主体对事物或现象所蕴含的意义及对人的利害关系的认识和评价,它往往表现为信念、理想、信仰、追求等精神形态。马克思主义认为价值观属于社会意识形态的范畴,它是和特定社会的经济基础联系在一起并受其制约,是处于一定经济关系之中的人们的利益和需要的反映,它决定着人们的思想取向和行为选择。与此同时,价值观对社会经济关系的反映并不是机械的、被动的,而是积极、主动的。其主要功能就在于,价值观作为一种评价尺度,它支配着人的行为、态度、理解等,支配着人认识世界、明晓事物对自己的意义和自我了解、自我定向、自我设计等,为人自认为正当的行为提供充足的理由。价值观对于维护社会的稳定、促进经济社会的发展、升华人们的精神境界具有重要的意义。

然而价值观作用的发挥,必须经过一系列的途径和方法,使价值观被人们所认知、理解,进而内化为主体的自觉选择,成为人们践行的原则和标准。意识形态层面的价值观则需要政党、国家采取各种途径、手段来进行最为广泛和深入、持续性的宣传教育。在这些途径、方法上,有理论宣讲、文艺展演,也有新闻媒体的宣传、渗透、影响等。榜样示范是进行思想道德建设不可缺少的因素,对于人们价值观的形成具有重要导向意义。

1. 榜样示范对价值观的培育具有引领作用

榜样身上体现出社会思想道德的价值观念与本质特征,反映出与时代、民族、阶级等因素千丝万缕的内在联系,是社会理想在人格美德中的表现。"在榜样身上既包含着普遍的共性,代表着一般人的特征;又集中表现出比一般人更为突出的精神风貌,代表着事物发展的正确方向和一般规律,因而,榜样能够反映先进的思想、崇高品质,体现一种站在时代潮流的前列,激发人们奋发向上的精神。"①榜样身上体现着一定社会所要求的人生观、价值观和道德观,他们的思想和事迹承载着一定社会主流价值取向。坚持和提倡什么样的价值观,在很大程度上就看这个社会在树立和宣传什么样的榜样人物。

榜样所具有的先进性,使得他们具有了引领社会思潮的作用。这一点,在我们社会主义市场经济发展的今天更是如此。社会主义市场经济体制的建立,推动了社会转型,经济成分、经济组织、就业方式和分配方式出现多样化,导致人们价值取向的多元化,使人们在道德评价、道德行为中出现了一系列困惑与迷茫,人们思想的独立性、选择性、多变性、差异性特征明显增强。如何在利益多元化条件下培育和践行社会主义核心价值观,提出了新的挑战。榜样示范是我国新时代、新阶段的思想道德标杆,代表着人民群众的利益和共同愿望,他们立足于我国社会现实之中,是千百万人民群众思想道德追求的优秀代表。

2. 榜样示范具有桥梁、媒介作用

新中国成立初期,毛泽东就曾经说过:"全中华民族的模范人物,是推动各方面人民事业胜利前进的骨干,是人民政府的可靠支柱和人民政府联系群众的桥梁。"②榜样不仅仅是党和政府联系群众的桥梁、媒介,也是联系价值观与践行主体的桥梁、媒介。

榜样示范教育从某种程度上可以看作一个传播过程。首先,

---

①　郑永延:《思想政治教育方法论》,高等教育出版社,1999年,第142页。
②　《毛泽东文集》(第六卷),人民出版社,1996年,第95页。

从传播的基本构成要素来看，政党或是教育管理者是这一传播活动中的重要传播者、施予者，人民群众是这一传播活动的受予者，政党或教育者欲向人民群众传输的榜样原型就是主要的信息传播"桥梁"，榜样教育过程采取的活动形式和依托的媒介就是这一传播活动中的符号和媒介。其次，从行为过程来看，榜样教育是一种传播活动。榜样教育的过程就是教育者（传播者）将含有一定教育功效的事迹或人物（信息）通过一定的方式方法和载体（传播媒介）向受教育者（受众）进行传授的信息传播过程。而人民群众作为这一过程的终端来参与和接收信息，在收到信息后，对教育者传递的信息作出反馈，同时教育者也接受来自人民群众的信息反馈。这里所指的"信息"其实就是榜样示范的人格品质、思想意识、道德风范等，但其核心就是承载在榜样身上的价值观。因此从传播学角度来讲，榜样示范教育本身就是一次完整的传播过程。榜样示范教育是一种完整而特殊的教育现象。

3. 榜样示范具有"可效仿"的作用

榜样人物其人格的感召力、情感共鸣力和行为带动力对提升社会成员的思想道德水平有难以估量的作用。榜样示范的作用主要体现为三点，"一是易于激发受教育者的情感，使榜样仿效成为学习者的自觉需要；二是易于集中受教育者的注意力，使榜样形象成为学习者自觉的选择标准；三是能唤起受教育者良好的动机，激发学习者奋发向上的意志力量"[1]。榜样示范具有这样的功效，有着心理、情感理论和教育理论支撑。

从心理学来看，当前学界在榜样示范功效理论上，比较认可的

---

① 曾钊新：《道德心理论》，中南工业大学出版社，1987年，168页。

主要是西方的学习理论中的观察学习理论,代表人物首推班杜拉。他的观察学习通常也被称为榜样示范学习。班杜拉认为,人的行为,特别是人的复杂行为主要是后天习得的。班杜拉认为行为习得有两种不同的过程:一种是通过直接经验获得行为反应模式的过程,他把这种行为习得过程称为"通过反应的结果所进行的学习",即直接经验的学习;另一种是通过观察示范者的行为而习得行为的过程,班杜拉将它称之为"通过示范所进行的学习"。班杜拉的"行为模式说",强调榜样以其具体活动展示出其所特有的行为模式,"榜样就是相对于他人的模仿性行为的标准行为,榜样学习可以帮助人们通过模仿获得适当的行为模式和社会技巧"①。当然,他的"行为模仿说"内含着这样一个前提,即被模仿者拥有良好的精神品质和价值状态,所以班杜拉还强调他的"人格力量说",即认为榜样内含其所秉承的崇高的价值取向及其在这种价值取向下表现出的高尚的思想境界、道德情操,这会对他人产生巨大的精神激励。另外,以斯金纳为代表的行为科学研究表明,在通过榜样示范的学习模式中,他人的思想、情感和行为作为一种替代性经验,会对学习者的思想、行为产生巨大的影响。这种影响的心理机制在于人所具有的一种模仿天性。

不论是班杜拉的观察学习理论,还是以斯金纳为代表的行为科学研究,虽然他们都关注到了"榜样示范"这一行为的存在,并对此进行了相应的心理学、教育学上的理论解析和阐述,却缺少对"接受主体"为什么要学"榜样"的原因分析。在这一点上,西方人本主义心理学,如马斯洛的需求理论倒是可以对其进行相应的补

---

① [美]班杜拉著,郭占基、周国韬等译:《社会学习心理学》,吉林教育出版社,1988 年。

充说明。马斯洛认为，"需要和动机是促进个体心理达成和行为实现的根本动力和诱因，根据马斯洛的需求层次理论，人最高的需要是自我价值认同、自我实现的需要。榜样模仿者接受榜样示范的激励、模仿，不断进行自我强化，以期达到实现自身价值，此乃榜样示范的内在动因"①。

通过以上的分析，可以把榜样示范对于社会价值观的导向意义总结为：引导作用、传导作用以及可仿作用。一个社会的价值体系是该社会价值观的集合体，是建立在该社会基本政治、经济制度基础上的意识形态。榜样示范对于价值观具有引领、传导和示范的作用，也必然对社会主义核心价值体系和价值观具有引领、传导和示范的作用，体现社会主义核心价值体系和价值观的榜样示范必然地对社会主义核心价值体系和价值观的践行起到这些作用。

（三）榜样示范是中国共产党思想道德建设的一大法宝

我们党一贯高度重视学习和宣传各类道德模范，重视发现道德模范并善于发挥其积极作用，通过树立道德楷模，加强示范引导，让人民群众有榜样、有目标、见贤思齐。运用道德榜样的力量，培养人们的正确价值取向和行为准则，更是我们党思想政治工作的一个好传统、好法宝。

革命战争年代，毛泽东为不少先进人物题过词，并号召人们向其学习，其中对中国产生长久影响的如白求恩、张思德这两个典型代表。1939 年 11 月 12 日，伟大的国际共产主义战士白求恩在河北唐县逝世，毛泽东为了纪念他，写下了《纪念白求恩》这一光辉的文章。从此在我党的思想道德建设史上，"毫不利己、专门利人"便

---

① 李秀娟："传统道德文化现象践行的榜样示范"，《中南大学学报》，2012 年第 2 期。

成为共产主义道德的核心词汇之一。1944 年 9 月 8 日,毛泽东在张思德的追悼会上发表了"为人民服务"的著名演讲。此后,"为人民服务"这一光辉的价值从延安枣园后面的那个小山沟,穿越了历史,走向了全中国,从 20 世纪的昨天走到 21 世纪的今天,仍然具有历久弥新的魅力。它是共产党人思想政治上的核心竞争力,也是共产党人不懈的价值追求。

社会主义建设时期,我们党树立了"铁人"王进喜这一光辉典范。"铁人精神"凝聚着工人阶级的朴素情感,凸显了一种坚忍不拔创业的勇气,凝聚着一个民族不畏困难的民族气概。如果说"铁人精神"充分展现了工人阶级的思想品质,那么"焦裕禄精神"则体现了我党优秀干部的精神风貌。焦裕禄,身患肝癌,依旧忍着剧痛,坚持工作,被誉为"党的好干部""人民的好公仆"。"把我运回兰考,埋在沙堆上。活着我没有治好沙丘,死了也要看着你们把沙丘治好。"这是焦裕禄临终前对组织唯一的要求。他用自己的实际行动,铸就了亲民爱民、艰苦奋斗、科学求实、迎难而上、无私奉献的"焦裕禄精神"。如果说王进喜是当时工人的典型代表,焦裕禄是党员干部的典型代表,那么雷锋具有更加广泛的代表性。雷锋务过农、当过公务员、做过工人,还是一名光荣的人民解放军战士。1963 年 3 月 5 日,毛泽东亲自发出了"向雷锋同志学习"的伟大号召,一时间全国各条战线、各个行业掀起了持久地学习雷锋的热潮。从此雷锋这个名字响彻中国神州大地,传遍五湖四海,其伟大的人格魅力,享誉中外,成为一种具有震撼力的精神力量。

改革开放初期,我们党曾在全社会范围内倡导学习八十年代的新雷锋——张海迪。张海迪 5 岁因病造成高位截瘫,胸部以下完全失去知觉。二十多年中,她以惊人的毅力忍受着常人难以想象的痛苦,同残疾作顽强的斗争,同时勤奋地学习,忘我工作。虽然她一天也没有进过学校,但为了为人民作贡献,自学成才。她用学到的医药知识和针灸技术,不要任何报酬为群众治病。张海迪的事迹感动了无数的中国人。胡锦涛说:"张海迪的出现,标志着我们学雷锋的活动发展进入了新阶段,提高到了新水平。张海迪是新的历史时期继承、发扬雷锋精神的典范,是 80 年代的雷锋。"①

社会主义市场经济体制确立后,我们党更加重视对体现时代精神风貌的先进人物、劳动模范进行宣传,树立了一大批先进人物。赢得藏族同胞尊敬和爱戴的"新时期领导干部的楷模"孔繁森;率先挂出"公房夜间急修服务箱",十年如一日义务为居民服务的徐虎;岗位做奉献,真情为他人,被誉为"老人的拐杖,盲人的眼睛,外地人的向导,病人的护士,群众的贴心人"的公交车售票员李素丽;带领全团官兵转战大沙漠,行程十万千米,为边疆军民打井一千一百多眼的"模范团长"李国安;为政清廉,爱岗敬业,在身患重病的情况下,仍然执法如山,认真办案的"铁法官"谭燕;忠诚于党的事业,不计个人得失,不怕艰苦,身不离群众,常年带领群众治穷致富的"乡镇党委书记的榜样"吴金印……可以说,这些先进人物既是岗位能手,同时又是道德模范。

党的十八大以来,我们党继续开展了全国道德模范评选。这其中有习近平总书记特别提到的龚全珍,她是老将军甘祖昌的夫人。甘祖昌是江西老红军、新中国的开国将军,但他坚持回农村当农民,龚全珍也随甘祖昌一起回到农村艰苦奋斗。半个多世纪过去了,龚全珍始终保持艰苦奋斗精神。龚全珍等这些先进人物的

---

① 中共辽宁省委党史研究室编著:《学雷锋活动四十年》,辽海出版社,2003 年 2 月,第 285 页。

高尚情操极大激励了全国人民,对于弘扬正气,净化社会风气,践行社会主义道德起到了巨大的推动作用。2014 年以来,我们国家每年开展一次"时代楷模"的评选和表彰。"时代楷模"是由中宣部集中组织宣传的全国重大先进典型。时代楷模事迹厚重感人、道德情操高尚、影响广泛深远,譬如 2017 年的"时代楷模"曲建武,他工作三十多年来,无论是在高校辅导员岗位,还是担任地方教育行政部门领导职务,始终情系高校思想政治工作,不忘初心、牢记使命,积极传播先进思想文化,不断探索工作规律,立足本职岗位,在大学生思想政治教育方面做出突出业绩。黄大年,他放弃国外优越条件,怀着一腔爱国热情义无反顾返回祖国,担任母校吉林大学地球探测科学与技术学院全职教授、博士生导师。他带领科研团队辛勤奉献、顽强攻关,取得一系列重大科技成果,填补多项国内技术空白,为深地资源探测和国防安全建设作出了突出贡献。南仁东,"中国天眼"500 米口径球面射电望远镜工程的发起者和奠基人。他从论证立项到选址建设历时 22 年,主持攻克了一系列技术难题,为 500 米口径球面射电望远镜重大科学工程的顺利落成发挥了关键作用,作出了重要贡献。他不计个人名利得失,长期默默无闻地奉献在科研工作第一线,与全体工程团队一起通过不懈努力,迈过重重难关,实现了中国拥有世界一流水平望远镜的梦想。先进人物、时代楷模充分体现了"爱国、敬业、诚信、友善"的价值准则,充分体现了中华传统美德,是具有很强代表性、时代性和典型性的先进人物。

2018 年是我国改革开放 40 周年。党中央决定,围绕庆祝改革开放 40 周年,以党中央、国务院名义表彰一批为改革开放作出杰出贡献的个人。对受表彰个人授予改革先锋称号,颁授改革先锋奖章,对受表彰的外籍人士颁授中国改革友谊奖章。这次表彰是党中央庆祝改革开放40周年活动的重要组成部分,旨在通过选树、褒扬改革先锋模范人物,用鲜活的事例讲好改革开放故事,讲好新时代中国特色社会主义故事,充分展现改革开放40年来的伟大成就,大力弘扬以改革创新为核心的时代精神,引导全社会致敬先锋,见贤思齐,在新时代新起点上,汇聚改革开放再出发的磅礴伟力,坚定不移将改革开放进行到底。

回顾我们党的思想道德建设历程,我们可以看到,时代在变化,历史在发展,社会主义思想道德的要求在不断更新,道德楷模的观念、形象和特点也会随之发生变化。但是无论时代如何变迁,永远不变的是榜样所体现的楷模精神。习近平总书记指出:"道德模范是社会道德建设的重要旗帜,要深入开展学习宣传道德模范活动,弘扬真善美,传播正能量,激励人民群众崇德向善、见贤思齐,鼓励全社会积善成德、明德惟馨,为实现中华民族伟大复兴的中国梦凝聚起强大的精神力量和有力的道德支撑。"①于是我们可清楚地看到,我党始终在运用"榜样示范"这一重要的教育方式来激励群众的精气神,凝聚群众的团结心,助推群众的发展力。

二、榜样示范与社会主义核心价值体系建设

党的十九大报告指出:"坚持社会主义核心价值体系。文化自信是一个国家、一个民族发展中更基本、更深沉、更持久的力量。

---

① 习近平:"在会见第四届全国道德模范及提名奖获得者时的讲话",《人民日报》,2013年9月26日。

必须坚持马克思主义,牢固树立共产主义远大理想和中国特色社会主义共同理想,培育和践行社会主义核心价值观,不断增强意识形态领域主导权和话语权,推动中华优秀传统文化创造性转化、创新性发展,继承革命文化,发展社会主义先进文化,不忘本来、吸收外来、面向未来,更好构筑中国精神、中国价值、中国力量,为人民提供精神指引。"[1]通过榜样示范,充分发挥先锋模范作用,进而形成方向性的引领和带动,这是坚持社会主义核心价值体系培育和践行社会主义核心价值观的重要路径选择。

(一)榜样示范与社会主义核心价值体系的关系

党的十八大报告指出:"加强社会主义核心价值体系建设。社会主义核心价值体系是兴国之魂,决定着中国特色社会主义发展方向。要深入开展社会主义核心价值体系学习教育,用社会主义核心价值体系引领社会思潮、凝聚社会共识。"[2]榜样示范所宣传、内涵的精神与社会主义主流价值相一致、与中华传统美德相契合、与时代进步相衔接,是坚持社会主义核心价值体系的具体体现。榜样人物、先锋模范精神归根结底是在中国人民的实践中产生的,是中国人民思想道德追求的可亲近的形象。

社会主义核心价值体系的基本内容包括四个方面:马克思主义指导思想、中国特色社会主义共同理想、以爱国主义为核心的民族精神和以改革创新为核心的时代精神、社会主义荣辱观,这四个方面在榜样人物身上都有体现,榜样人物、先锋模范身上所彰显的

---

① 本书编写组编著:《党的十九大报告学习辅导读本》,党建读物出版社、学习出版社,2017年,第1页。

② 胡锦涛:"坚定不移沿着中国特色社会主义道路前进 为全面建成小康社会而奋斗",《人民日报》,2012年11月19日。

精神与社会主义核心价值体系的要求是相统一的。榜样人物、先锋模范精神和社会主义核心价值体系都是社会主义思想道德本质的集中体现。榜样人物、先锋模范精神充分反映了社会主义制度对思想道德的要求,彰显了社会主义思想道德的本质特征,且具有鲜明的时代特征。

（二）学习榜样人物、先锋模范的过程也是坚持社会主义核心价值体系的生动实践

深入开展学习榜样人物、先锋模范,是坚持社会主义核心价值体系、打牢全党全国各族人民团结奋斗的共同思想道德基础的一项重大举措。

1.学习榜样人物、先锋模范能提升社会主义核心价值体系的育人功效

育人功能是社会主义核心价值体系的重要功能。深入开展学习榜样人物、先锋模范活动,就是要把社会主义核心价值体系所蕴含的科学理论、理想信念、主流价值和道德追求传递给人们,传导给社会大众。学习榜样人物、先锋模范是提升社会主义核心价值体系的育人功用的有效途径之一,其表现具体如下:

有利于坚定人们的理想信念。巩固马克思主义在意识形态领域的指导地位是坚持社会主义核心价值体系的一项根本任务。在当前国内外各种社会思潮复杂多样的新形势下,深化学习榜样人物、先锋模范活动,可以推动人民群众政治信仰的提升,坚定中国特色社会主义的共同理想,它不仅可以帮助人们找出世界观、人生观方面的差距,而且还可以看到理想信念的无穷力量。

党的十八大强调,建设中国特色社会主义,总任务是实现社会主义现代化和中华民族伟大复兴,并提出"两个一百年"奋斗目标。

为了实现这些目标，一切有利于解放和发展社会生产力的思想道德，一切有利于国家统一、民族团结、社会进步的思想道德，一切有利于追求真善美、抵制假恶丑、弘扬正气的思想道德，都应当鼓励和支持。榜样人物、先锋模范身上所体现的就是这样的思想道德。

有利于增强人们的爱国情怀。我们党在各个时期所宣传的榜样人物、先锋模范，有一个共同的群体特征，即都有着鲜明的爱国主义情怀，都表现出对党和人民的深深热爱。雷锋是这样，焦裕禄是这样，孔繁森也是这样……新时代，黄大年秉持科技报国理想，把为祖国富强、民族振兴、人民幸福贡献力量作为毕生追求，为我国教育科研事业作出了突出贡献，他的先进事迹感人肺腑。习近平总书记在对黄大年先进事迹做出重要指示中指出："我们要以黄大年同志为榜样，学习他心有大我、至诚报国的爱国情怀，学习他教书育人、敢为人先的敬业精神，学习他淡泊名利、甘于奉献的高尚情操，把爱国之情、报国之志融入祖国改革发展的伟大事业之中、融入人民创造历史的伟大奋斗之中，从自己做起，从本职岗位做起，为实现'两个一百年'奋斗目标、实现中华民族伟大复兴的中国梦贡献智慧和力量。"①

有利于培养人们的职业和创业精神。职业道德是从业人员在职业活动中应该遵循的行为准则，涵盖了从业人员与服务对象、职业与职工、职业与职业之间的关系。随着现代社会分工的发展和专业化程度的增强，市场竞争日趋激烈，整个社会对从业人员职业观念、职业态度、职业技能、职业纪律和职业作风的要求越来越高。

---

① "习近平对黄大年同志先进事迹作出重要指示"，http://www.qstheory.cn/2018 – 10/20/c_1123587752.htm。

经过四十余年的改革开放,我国经济总量已跃居世界第二,人民的物质生活有了很大变化。但物质生活越富有,精神越不能颓废,仍然要把"以艰苦奋斗为荣、以骄奢淫逸为耻"作为重要内容来提倡,"艰苦奋斗、勤俭节约"的美德和崇高精神,具有鲜明的时代性和广泛的传承性。在新时代,我们国家更为重视劳动模范评选和表彰,这些劳动模范是民族的精英、人民的楷模。正如习近平总书记讲的:"长期以来,广大劳模以平凡的劳动创造了不平凡的业绩,铸就了'爱岗敬业、争创一流,艰苦奋斗、勇于创新,淡泊名利、甘于奉献'的劳模精神,丰富了民族精神和时代精神的内涵,是我们极为宝贵的精神财富。"①

有利于提升人们的道德境界。榜样人物、先锋模范精神是真情与爱心的凝练,是对社会主义核心价值体系和价值观的生动诠释,承载着社会主流道德的价值取向,是中华民族美德不可或缺的重要内容。榜样人物、先锋模范精神所体现出来的价值取向、道德观念和人格品质,始终寄托着人民群众对崇高精神境界的向往,对美好道德风尚的追求,对和谐人际关系的期盼。"道德模范是时代的英雄、鲜活的价值观,推进道德建设,要用好道德模范这一'精神富矿',发挥先进典型引领作用,更好激发实现中华民族伟大复兴中国梦的强大正能量。要坚持围绕中心、服务大局,坚持重在建设、立破并举,坚持党员领导干部带头,推动形成讲道德、尊道德、守道德的社会环境。"②

---

① "习近平在全国劳动模范代表座谈会上的讲话",《人民日报》,2013 年 4 月 29 日。
② "刘云山在全国第四届道德模范座谈会上的讲话",《人民日报》,2013 年 9 月 26 日。

2. 学习榜样人物、先锋模范能推动社会主义核心价值体系的大众化并增强人们对其践行力

所谓大众化，是要让社会主义核心价值体系的精神实质为广大人民群众所理解、所认同，从而被人民群众自觉践行的过程。践行社会主义核心价值体系，贵在大众化，难在大众化。当前我们在推进社会主义核心价值体系大众化的过程中，在载体建设方面，注重典型引领，发挥示范带动作用乃是实现社会主义核心价值体系大众化的重要有效途径之一。树立一个先进典型，就是在社会上树起一个标杆，就是在群众中确立一个榜样、一种导向。通过这些榜样示范，可以进一步将大众化的原则要求融入社会主义核心价值体系的践行之中。

学习榜样人物和先锋模范能推动社会主义核心价值体系的传播和推广。例如当年我们将雷锋这一典型进行社会宣传，进行共产主义、社会主义道德教育的时候，由于这其中有人物这个载体，这一载体行为模式、语言风格就会成为人们了解和认识共产主义、社会主义道德的一个直接的中介。同时我们还应该看到，人民群众始终是践行社会主义核心价值体系的参与者，离开人民群众的积极参与，没有广泛的群众基础，践行社会主义核心价值体系就会是纸上谈兵。榜样是连接群众这一实践主体和理论形态的一个桥梁，这一"桥梁"作用的发挥，不仅仅取决于其身上所固有的崇高品质、道德精神，还在于这个"桥梁"是否真正接"地气儿"。雷锋之所以能成为全国人民学习的榜样，除了其自身符合共产主义、社会主义思想道德要求以外，还在于他的伟大恰恰寓于平凡之中，具有最为广泛的群众基础。雷锋的一生是很平凡的，是平凡岗位上的普通一兵，终其一生没有什么不平凡的经历和惊人的业绩。然而雷锋的事迹告诉我们,伟大和平凡是辩证的统一,平凡中孕育着伟大,伟大中包含着平凡。雷锋是平凡的,任何人都可以学;雷锋是伟大的,要任何人需努力才能学到。雷锋的示范作用是带有普遍性的。

发扬榜样人物和先锋模范精神有利于增强人们对社会主义核心价值体系的践行力。学习榜样人物、先锋模范增强人们对社会主义核心价值体系的真践行,这是社会主义核心价值体系育人功效的真正体现,也是社会主义核心价值体系大众化的必然要求。社会主义核心价值体系需要人民群众的认知,更需要人民群众去践行。社会主义核心价值体系的根本作用就在于其对人民的育化功能,这一功能的好坏,一方面可以从人们对它的认知程度加以评判,而另外一方面则更需从人们对其的"践行度"上加以评判、认知。如在"雷锋第二故乡学雷锋"和"跟着郭明义学雷锋"的旗帜引领下,辽阳人民学雷锋的热情空前高涨。2013 年前后,在郭明义同志倡导下,辽阳市 163 支郭明义爱心团队,九万多名志愿者积极行动,开展了"一帮一、结百对、扶贫助困奔小康"活动,为全市学雷锋、学郭明义活动注入了新内涵,增添了新动力,诠释了奉献、友爱的新时代雷锋精神。随着郭明义宣传力度的加大、影响力的增强,"郭明义爱心团队"已走出鞍山,走出辽宁,成为全国最具影响力的志愿者团体,在全国已拥有六百多支分队,志愿者总数超过 130万人。①

---

① "发挥郭明义爱心团队引领作用 深入开展'一帮一、结百对、扶贫助困奔小康'活动",http://dangjian.people.com.cn/n1/2016/0422/c117092－28297952.html。

（三）党员干部先锋模范作用对社会思潮引领作用的发挥

广大党员干部是践行社会主义核心价值体系的重要主体。在我国，广大人民群众往往通过广大党员干部的言行举止作为对党的性质、宗旨的认识的判断标准，社会主义核心价值观的宣传和践行也只有通过党员干部的一言一行才能更大程度感染、影响民众，使广大民众在践行中受到感染和熏陶。可以这样说，党员干部能否很好地践行社会主义核心价值体系，是党员干部能否发挥对社会思潮引领带动作用的基本指标。党员干部要发挥用社会主义核心价值体系引领社会思潮的带动作用，需要做到以下三个方面：

首先，党员干部要加强对社会主义核心价值体系的学习。学习是我们党克服本领恐慌的一个重要方法。新时代，进行党的建设伟大工程，就必须不断学习，时刻注重理论的武装。党员尤其是领导干部要增强用马克思主义的世界观、人生观、价值观，以及中国特色社会主义理想信念去不断改造思想的自觉性和主动性。领导干部培训教育，要将社会主义核心价值体系、社会主义核心价值观内容作为常抓不懈的政治任务对待。凡是放松对社会主义核心价值体系、社会主义核心价值观学习的领导干部，是不合格的领导干部。当然，党员教育培训部门也应注重通过多种渠道，开展社会主义核心价值体系和价值观教育，通过潜移默化的长期教育作用，不断强化正确的价值观。

其次，党员干部要努力践行社会主义核心价值观。领导干部对社会主义核心价值观的认同和践行，在很大程度上影响着群众的认同和践行。领导干部如果不信奉马克思列宁主义，还有什么资格要求群众信奉马克思列宁主义呢？领导干部如果对中国特色社会主义共同理想、共产主义理想信念不坚定，怎么要求人民群众坚定中国特色社会主义共同理想、共产主义理想信念呢？领导干部品行败坏，不讲廉耻，是对社会道德环境最为强烈的伤害。历史和实践一再证明，我们的事业关键在党，党的关键又在领导干部，领导干部作用发挥得好坏在很大程度上就体现在其是否践行了社会主义核心价值观。每一位领导干部都要做践行社会主义核心价值体系的表率，用行动来取信于民，才能无愧于"公仆"称号。

最后，党员干部要向先进模范学习。领导干部要把人民群众作为自己的"镜子"，也要把先进模范作为自己的"镜子"。要时常对标这些先进模范的一言一行，结合自己的工作实践查找不足，向先进人物看齐。现实中，我们确实也看到有些党员干部对先进人物学归学，做归做，没有落实到行动上，结果自身的党性修养没有得到提高。岂不知，党员干部对待我们国家、我们党所树立的那些先进人物的态度，实质上就是对待党、对待人民的态度，也是领导干部党性修养的体现之一。习近平总书记强调："各级领导干部特别是高级干部要继承和弘扬中华优秀传统文化，继承和弘扬革命前辈的红色家风，向焦裕禄、谷文昌、杨善洲等同志学习，做家风建设的表率，把修身、齐家落到实处。各级领导干部要保持高尚道德情操和健康生活情趣，严格要求亲属子女，过好亲情关，教育他们树立遵纪守法、艰苦朴素、自食其力的良好观念，明白见利忘义、贪赃枉法都是不道德的事情，要为全社会做表率。"①广大党员干部要明白，我们党和国家提倡向先进模范学习，首要是让广大党员干部学习，党员干部要在学习先进典型的过程中发挥先锋模范作用。

---

① "习近平在会见第一届全国文明家庭代表时的讲话"，《人民日报》，2016年12月13日。

三、充分发挥先进典型和榜样示范
引领作用的意义和启示

（一）充分发挥先进典型和榜样示范引领作用的意义

1. 社会主义文化自信的一个重要体现

社会主义核心价值体系是社会主义意识形态的本质体现，是社会主义先进文化的精髓。社会主义核心价值体系反映了全国各族人民的核心利益和共同愿望，与中国特色社会主义发展要求相契合，与中华优秀传统文化和人类文明优秀成果相承接，是中国人民向着实现民族伟大复兴奋力前行的精神动力。社会主义核心价值体系影响群体和个体的思想观念，激发人们的热情并使之凝聚成具有向心力、战斗力的共同体，在潜移默化中引导和调控各种社会思潮。发挥先进典型和榜样示范的引领作用是为了弘扬社会正能量，也是涤除不良社会思潮的重要举措。历史和现实告诉我们，充分发挥先进典型和榜样示范的引领作用，是推动社会主义精神文明建设的重要途径，越是在思潮繁乱复杂、斗争激烈的时候，我们就应该越发明白我们要选树什么样的先进典型，让这些榜样示范发挥什么样的作用。从这个角度说，社会主义文化自信就应该表现在我们具备了什么样的先进典型，以及这些榜样示范是否起到了思想道德引领的作用。

2. 夯实社会主义核心价值体系建设的基础

以社会主义核心价值体系中的社会主义荣辱观的践行为例，"社会主义荣辱观体现了社会主义道德的根本要求。要深入开展社会主义荣辱观宣传教育，弘扬中华传统美德，推进公民道德建设工程,加强社会公德、职业道德、家庭美德、个人品德教育,评选表彰道德模范,学习宣传先进典型,引导人民增强道德判断力和道德荣誉感,自觉履行法定义务、社会责任、家庭责任,在全社会形成知荣辱、讲正气、作奉献、促和谐的良好风尚"①。社会主义荣辱观是社会主义核心价值体系的基础。在一定意义上说,公民道德建设是社会主义核心价值体系建设更为基础的内容,公民道德建设的内容也是社会主义荣辱观的基本要求。夯实社会主义核心价值体系建设的基础,要把树立社会主义荣辱观融会贯通到道德教育与道德实践的各个方面。

先进模范虽然有着不同的职业、不同的事迹,但他们无不具有较高的政治觉悟、思想境界和优良的道德修养,他们的事迹将抽象的思想道德理念具体、生动化,有力地阐释了社会主义核心价值观的要求,凝结着优良的传统美德,也散发着鲜明的时代气息。他们每一个人都代表一个群体,一个庞大的道德群体,他们用自己的行动感召着社会、用自己的所为诠释着真善美的真谛。这些先进典型和榜样示范是推进公民道德建设最有说服力、最有影响力的鲜活教材。

3.弘扬社会正能量、凝聚社会共识

当前我们国家处在改革发展的关键期,在我国经济体制深刻变革、社会结构深刻变动、利益格局深刻调整、思想观念深刻变化的新形势下,人们的思想道德观念也呈现出复杂多变的特征。面对市场经济给人们思想和生活方式带来的冲击,社会上出现了一

---

①　李长春:"关于《中共中央关于深化文化体制改革推动社会主义文化大发展大繁荣若干重大问题的决定》的说明",《人民日报》,2011 年 10 月 15 日。

些不正之风和消极腐败现象。在个别人的头脑中,是非、善恶、美丑的荣辱界限被模糊,甚至被颠倒了。极端个人主义、拜金主义、见利忘义、奢侈浪费等落后甚至腐朽的道德观念也对某些社会成员产生了不良影响。

习近平总书记曾强调,"道德模范是有形的正能量,是鲜活的价值观,是道德实践的榜样。要深入开展道德模范宣传学习活动,创新形式,注重实效,把道德模范的榜样力量转化为亿万群众的生动实践,在全社会形成崇德向善、见贤思齐、德行天下的浓厚氛围"①。为了强化道德模范的引导作用,更广泛地弘扬社会正能量,党和国家积极采取了各种措施。通过持续地评选和宣传,树立了一批来自基层、来自群众、充满时代感、饱含正能量的道德模范。用他们的先进感人事迹感召群众,有利于把社会主义道德观念传播到千家万户,把公民道德规范的要求渗透到人们的工作生活中;有利于在全社会树立起鲜明正确的价值导向,营造知荣辱、树正气、促和谐的社会风尚,促进践行社会主义核心价值体系,进而凝聚社会共识。例如全国道德模范的评选和表彰是对榜样示范教育方法的一种运用和深刻展现。它集中展示了我们国家公民道德建设的丰硕成果,也进一步增强了我们的道德自信。同时,它也对民族精神的弘扬、时代精神的彰显,以及社会主义核心价值体系认同和践行,起到了十分重要的作用。

(二)充分发挥先进典型和榜样示范引领作用的启示

事实证明,时代前进需要健康向上的思想道德风尚来引领,社会发展需要先锋楷模的力量来推动,发挥先进典型和榜样示范引

---

① 参见习近平总书记在第五届全国道德模范座谈会上的讲话。

领作用又给我们带来什么样的启示呢？就社会主义核心价值体系功能发挥来讲,具体如下:

一方面,社会主义核心价值体系是榜样示范运用和开展的主题。社会主义核心价值体系是兴国之魂,是社会主义先进文化的精髓,决定着中国特色社会主义的发展方向。坚持用社会主义核心价值体系引领社会思潮,有利于最大限度地形成社会思想共识,有利于夯实全国各族人民团结奋斗的思想道德基础,有利于凝聚力量、齐心协力建设中国特色社会主义。新的历史条件下,开展全国道德模范评选和表彰,包括树立其他的榜样,并充分运用榜样示范来有效开展思想道德教育工作,必须坚持社会主义核心价值体系的引领,同时也必须围绕社会主义核心价值体系和核心价值观的践行这一主题来推动榜样示范的运用和开展,这是榜样示范的生命线,离开了这一生命线,榜样示范就会淡然无色,毫无生气。全国道德模范的评选和表彰之所以能产生强大的社会辐射影响作用,从根本上来讲就是因为其贯穿和渗透着社会主义核心价值体系和核心价值观的践行这样的根本主旨内容。

另一方面,选择和宣传机制的优化是榜样示范运用和开展的重要前提。"受教育者对于教育者所确立榜样的认同,是产生符合教育者理想效果的前提条件,也是影响榜样教育效果的重要因素。因此,在实施榜样教育中,榜样人物的选择与宣传必须符合受教育者的生理心理特点,以强化受教育者对于榜样的心理认同感。"①一定要在确保选择榜样的可学性、可信性上下功夫,一定要在增强榜样人物的吸引力上下功夫。比如,在全国道德人物评选工作中,更

---

① 李长春:"在全国道德模范座谈会上的讲话",《人民日报》,2011 年 9 月 23 日。

加重视群众的主体性,切实提升大众的深度参与度。在榜样的评选上,坚持公平、公正、公开的原则,坚持开门评选,积极引入第三方力量,把群众的广泛性与专业性、科学性更好地结合起来,增强了透明度、公信度。要立足于机关、社区、企业、村镇、学校、医院、连队等基层单位,做到群众评、评群众,群众学、学群众,推选群众身边看得见、过得硬、学得到的先进人物,确保评选出来的模范可敬、可信、可亲、可学,使群众在参与中受到教育、得到提高。同时在报道宣传上,坚持"贴近实际"的原则,"针对不同受众群体的接受习惯和心理特点,突出群众视角,运用群众语言,使宣传形式丰富多彩,宣传内容亲切感人,在宣传报道中体现正确导向,在互动交流中启发引导群众,在贴近群众、服务群众中打造特色品牌。要以道德模范为原型,积极发挥文学艺术作品潜移默化、润物无声的独特作用,通过多样化的题材体裁、艺术形式和表现手法,多侧面、立体式地刻画道德模范,深刻揭示他们的精神世界,生动展现他们的人格魅力,以丰满、亲切、生动的艺术形象打动观众和读者,把道德模范的崇高精神境界、健康人生追求传递给人民"①。这些注重受众群体的心理、语言接受习惯的好做法需要我们继续坚持。尤其对于"重视运用民间舆论推介道德模范,对群众通过网络等方式发现'草根善举'、捧红'道德明星'的现象,要及时关注,给予支持、鼓励和引导,保护和激发群众自我教育的热情",上述思路和做法,我们需要提倡、鼓励。

---

① 李长春:"在全国道德模范座谈会上的讲话",《人民日报》,2011 年 9 月 23 日。

▶第六章
舆论引导对于社会主义核心价值体系引领社会思潮的作用

改革开放以来，市场经济的深入发展不断改变着我国传统的社会经济秩序，多种所有制经济的共同发展催生出多元化的利益主体和具有差异性的利益分配格局，以及由此产生的阶层分化。不同的利益群体和社会阶层因其利益诉求的不同，在思想观念与价值选择上表现出多元化、多样性与差异性的显著特点。与此同时，随着经济全球化的不断推进，世界范围内的文化交流日益频繁，在当前不均衡的世界文化格局中，西方文化和政治价值观的强势输出给我国文化安全带来严重挑战。而在网络化时代，信息流动和舆论传播更为迅捷，多元化思潮的冲击和碰撞更加强烈，我国面临的舆论环境更为复杂。正是在此背景下，党的十八大提出"用社会主义核心价值体系引领社会思潮、凝聚社会共识"的任务，要求"牢牢掌握意识形态工作领导权和主导权，坚持正确导向，提高引导能力，壮大主流思想舆论"。应该说，如何通过有效的舆论引导增强社会主义核心价值体系的吸引力与凝聚力，从而实现引领社会思潮的作用，已成为现阶段需要重点关注的研究课题。

一、舆论与舆论传播

（一）舆论的历史源流

舆论作为一种社会现象，在人类社会早期就已出现。据有的学者研究，原始社会就出现了人的舆论行为，原始社会人类共同生产、生活，在缺乏公共管理机构的情况下，舆论有效协调集体生产、生活，保证了原始人类社会的生产、生活秩序。尤其在语言形成以后，舆论更是成为人类表达共同意志的重要方式。原始舆论传播有两种方向：一是人与人之间的意见交流，达到意愿一致的目的；二是在氏族首领和普通氏族成员之间的传播，为氏族首领的管理提供各种参考意见。后一种舆论传播是原始社会赖以建立的基础，成为社会管理的一种手段。[①] 在氏族制时期，每逢重大决策，都要召开氏族大会进行讨论、征询意见，最后才能形成决议并付诸实施，这充分体现了舆论对于氏族决策所发挥的重要影响。在我国古文典籍中也有关于原始社会时期舆论现象的记载，比如《淮南子》卷九《主术训》中有"尧置敢谏之鼓，舜立诽谤之木"的记载，鼓励人们击鼓进言，发表意见，并可以把意见刻于木柱之上。《后汉书》卷五十四《杨震传》中也有相关记载，杨震在上疏中提及"尧舜之世，谏鼓谤木，立之于朝"。这反映了原始社会后期，尧、舜等部落首领对于舆论的重视，并以之作为规范社会秩序的手段。

在奴隶社会，传播舆论作为一种职业，逐渐从物质生产中分离出来而成为专门的精神生产者，出现了职业的舆论人。所谓舆论

---

① 刘建明：《社会舆论原理》，华夏出版社，2002 年，第 8~9 页。

人是指积极从事舆论活动，主动发表见解的人，他们提出系统的、代表所属阶级利益的思想原则，通过一套完整的舆论说教供社会成员接受。奴隶制社会中的舆论逐渐从自发状态走向自觉状态，成为国家统治的一种独立的精神力量。① 在我国春秋战国时期，开明国君都具有"重民"特征，比较重视臣下和民众的意见，广泛征询臣下及民众的建议以更好地管理国家事务，成为当时一种突出的社会政治现象。

虽然原始社会和奴隶社会已经出现了舆论行为和舆论现象，但"舆论"作为确定的概念当时还没有形成。从词源学考察，"舆"字最早在春秋末期出现，"舆"的本义有二：一为车箱，指的是一种可以乘坐的车，当时只有贵族出行或发生战争才有车乘坐，所以舆又有战车之意，后转义为轿，如《老子》："虽有舟舆，无所乘之。"二是对一种奴隶或差役的称谓，如《左传·昭公七年》："皂臣舆，舆臣隶。""舆人"本指造车的工人，如《考工记·舆人》："舆人为车。"在一些经典著述中，"舆人"还用来指古代职位低微的吏卒，如《左传·昭公四年》："舆人纳之，隶人藏之。"到春秋末期，"舆人"逐渐被赋予"下等人"的含义，当时被划分的十等人中，"舆人"居第六等，所有与车相关的人都称为"舆人"，后引申为推车的人或抬轿的人，再后来在词义演化中泛指众人，如《左传》所记载的那样："舆者，众也。"随后，"舆人之谤""舆人之诵""舆人之论"等概念也逐渐出现，如《左传·僖公二十八年》："晋侯患之，听舆人之诵。"②这一时期舆论多侧重于批评性意见，主要指普通民众对于执政者政

①　刘建明：《社会舆论原理》，华夏出版社，2002年，第11页。
②　《辞海》，上海辞书出版社，2002年，第2077页；赵锡元："舆论溯源"，《史学集刊》，1999年第4期。

策与行为的不满和质疑,如《晋书·王沉传》记载:"自古贤圣,乐闻诽谤之言,听舆人之论。"其意为,自古有道的统治者都能够听得进各种各样的批评意见。当然,这一时期舆论的内涵并不局限于此,也能表达一种肯定性意见,但并不多见。可以说,批评与监督构成了舆论的一种原生的理论品质。

据目前已有史料来看,"舆论"一词最早出现于三国时期,见于《三国志·魏志·王朗传》,作为曹魏谋臣的王朗在劝阻魏文帝出兵伐吴的奏疏中说到"设其傲狼,殊无入志,惧彼舆论之未畅者,并怀伊邑。臣愚以为宜敕别征诸将,各明奉禁令,以慎守所部"。王朗认为当时舆论不利于出兵伐吴,建议罢兵休战,魏文帝曹丕最后采纳了王朗的建议。另外一处对"舆论"一词有明确记载的古文献是《梁书·武帝纪》:"行能臧否,或素定怀抱,或得之舆论。"舆论成为帝王决策的重要依据。这里"舆论"指的是公众的意见或看法,与现代意义的"舆论"在概念上并不完全一致。

中国在漫长的封建社会的历史演进中,舆论通过言谏制度的形式发挥了一定的监督功能,为塑造开明专制的政治形态发挥了重要作用。我国古代舆论监督的主要形式为言谏、纳言。言谏制度是中国古代一种企图遏制君主独断专行、决策失误而出现的自下而上的匡正补厥制度。[①] 虽然整体来讲,封建专制社会的制度属性决定了舆论传播与整合极为有限,普通民众的舆论话语空间极为狭窄,但言谏制度设计无疑成为这一狭窄空间的一缕亮光,在一定程度上为社会舆论制约并匡正君主决策创造了机会,为君主决策顺乎民意、反映舆论所向提供了可能。

---

① 程少华:"中国古代舆论监督历史探源(上)",《新闻研究导刊》,2011 年第 4 期。

从西方国家的历史发展来看,舆论现象滥觞于古希腊城邦政治时期。在雅典城邦中,所有公民都享有直接参政议政的权利,他们不仅在公民大会等政治场合自由地讨论城邦事务和任何重大问题,而且在街头巷尾就广泛存在的问题发表自己的见解,从而在客观上形成了影响古希腊城邦政治的舆论现象。在黑暗中世纪阶段,基督教逐渐确立了自己对于精神事务的统辖权,宗教舆论开始形成,在根本上决定了社会舆论的走向。由于舆论为神秘的宗教气氛所笼罩,人们不敢怀疑,只有虔诚的信仰,而无理智的思考,思想受信仰拘束,日趋僵化与顽固。① 中世纪中后期,随着商业的发展和市民社会的崛起,教会势力对于商业精神的抵制越来越阻碍社会发展,反对宗教势力的舆论开始萌生,这突出表现在文艺复兴运动和宗教改革运动的兴起。文艺复兴对于人文主义精神的推崇,以及宗教改革运动对于教众"自我救赎"的认可并由此所体现出来的对于宗教个体价值的肯定,唤醒了西方世界自由主义的精神血脉,为资产阶级的成长提供了文化基因和舆论支持,而现代舆论概念正是伴随着西方资产阶级的崛起而勃兴的。

17 世纪以后,伏尔泰、狄德罗、卢梭等西方思想家先后论述了舆论的本质与作用,其中卢梭对于舆论基本内涵的表述具有标志意义。在《社会契约论》一书中,卢梭首次将"公众"与"意见"联系起来使用,用以表达人们对于社会性事务或公共事务方面的意见,即"舆论"。同时卢梭把舆论分为"公意"和"众意"两种表现形式,但二者之间存在重大差别。在卢梭看来,"公意"只着眼于公共的利益,"公意"永远是稳固的、不变的而又纯粹的,而"众意"则着眼

---

① 程世寿:《公共舆论学》,华中科技大学出版社,2003 年,第53 页。

于私人的利益,"众意"只是个人意志的总和。① 在卢梭的理论框架中,作为"公意"的舆论代表着公共意志,因而永远是公正的,不可摧毁的,而作为"众意"的舆论则是多变的,充满差异的,因而并非永远正确。但"公意"产生于"众意"之中,即"除掉这些个别意志间正负相抵消的部分而外"②所剩下的总和。但"公意"如何从"众意"中产生,即如何实现个体意志的"正负相抵",卢梭并没有解释清楚,从而凸显了其理论逻辑的内在紧张。

卢梭理论逻辑的内在紧张深刻反映了西方思想家对于舆论功能与作用的两种不同认识。一种认识路向是从马基雅维利、洛克、休谟、边沁、杰弗逊到马克思,主要从政治民主、尊重人权的角度,给予舆论的作用以充分肯定;另一种认识路向是从霍布斯、黑格尔、汉密尔顿、麦迪逊到李普曼,主要从社会管理、理智决策的角度,对舆论的自发性、混杂和非理性给予更多注意。③

前者有代表性的如洛克就主张:"开始组织并实际组成任何政治社会的,不过是一些能够服从大多数而进行结合并组成这种社会的自由人的同意。这样,而且只有这样,才会或才能创立世界上任何合法的政府。"④在这里,洛克实质上把公众舆论(大多数人的同意)视为政府合法性的基础。

后者如黑格尔,在《法哲学原理》一书中,他提出:"个人所享有的形式的主观自由在于,对普遍事务具有他特有的判断、意见和

---

① [法]卢梭著,何兆武译:《社会契约论》,商务印书馆,2003 年,第 35、133 页。
② 同上,第 35 页。
③ 孟小平:《揭示公共关系的奥秘——舆论学》,中国新闻出版社,1989 年,第 97 ~ 104 页;转引自陈力丹:《舆论学——舆论导向研究》,中国广播电视出版社,1999 年,第 5 页。
④ [英]洛克著,叶启芳、瞿菊农译:《政府论》(下),商务印书馆,1996 年,第 61 ~ 62 页。

建议,并予以表达。这种自由,集合地表现为我们所称的公共舆论。"①在这里,"普遍事务"指的是社会公共事务,因此黑格尔所认为的公共舆论就是个人对于社会公共事务所自由表达的意见总和,"公共舆论是人民表达他们意志和意见的无机方式",因此"无论哪个时代,公共舆论总是一支巨大的力量"。② 但黑格尔在自己理论体系中并没有给予公共舆论充分的肯定,这是因为公共舆论一方面"包含着现实界的真正需要和正确趋向",以及"永恒的实体性的正义原则",但另一方面在公共舆论形成过程中"无知和曲解",以及"错误的认识和判断"也会出现,由此导致"公共舆论中真理和无穷错误的东西直接混杂在一起"。③ 据此黑格尔认为公共舆论"又值得重视,又不值一顾","不值一顾的是它的具体意识和具体表达,值得重视的是在那具体表达中只是隐隐约约地映现着的本质基础","公共舆论中有一切种类的错误和真理,找出其中的真理乃是伟大人物的事。谁道出了他那个时代的意志,把它告诉他那个时代并使之实现,他就是那个时代的伟大人物"。④ 黑格尔深刻洞见了舆论形成过程中所裹挟的民众偏见与错误认识,同时也秉持着公共舆论所内涵的"现实界的真正需要和正确趋向"的客观理性,看到了公共舆论的巨大力量。

与黑格尔相比,西方另外一位研究舆论的代表性学者李普曼,对于舆论表达了更为悲观的认识。李普曼认为舆论只不过是人们头脑里的想象,因为"固定的成见"在形成舆论的过程中起着决定

---

① ［德］黑格尔著,范扬、张企泰译:《法哲学原理》,商务印书馆,1961 年,第 331~332 页。
② 同上,第 332 页。
③ 同上,第 332~333 页。
④ 同上,第 334 页。

性作用,而且一旦人们产生了某种成见,就很难摆脱它的影响。而"舆论涉及的是间接地、看不见的和费解的事实"①,因而舆论就只能"作为头脑中的想象"而"错误地引导人们对待现实的世界"。②以上两种对于舆论的不同认识路向,对于我们正确把握舆论概念具有启发意义。

(二)舆论的概念辨析

舆论,一般称为公众舆论,即公众意见的集合体。不同的学者对于舆论概念的界定并不完全一致。综观目前学界对于舆论概念的界定有以下四种代表性的观点:

第一种观点将舆论界定为"由若干见解形成的意见,表达人们对社会问题的看法,见解构成舆论主体"③。这一观点将意见视为舆论的本体和基本标志,而意见则是一种态度的表达,体现了民众对于社会公共事务肯定与否的价值判断。当然,构成为舆论的意见则是民众在相互了解和沟通的基础上所取得的一致性的见解集合体。构成为舆论本体的意见既有语言性的表达方式,也有非语言性的表达路径,在特定情况下人们也可以用目光、沉默或动作表达自己的意见和态度。这一界定重点强调的是构成舆论本体的意见,即面对社会问题所形成的社会反映与民众态度取向。这一观点抓住了舆论概念的核心与根本点,但过于简约的概括在完整性上略显不足。

第二种观点认为舆论是"社会或社会群体中对近期发生的、为

---

① [美]李普曼著,林珊译:《舆论学》,华夏出版社,1989 年,第 17 页。
② 同上,第 19 页。
③ 刘建明:《社会舆论原理》,华夏出版社,2002 年,第 13 页。

人们普遍关心的某一争议的社会问题的共同意见"①。这一观点突出了舆论所特有的社会公共属性,即针对社会共同关注的焦点问题所形成的社会集体意志。这一界定强调的另外一个重点是舆论的客体为"某一争议的社会问题",有待商榷的是,是不是只有针对有争议的社会问题才会形成舆论呢? 实际上舆论的产生有时候并非来自于对某些社会现象或社会问题的争议,而是来自于一种广泛的认同或关心。例如网络曝光的"小悦悦事件"所引发的社会舆论是出于共同的道德谴责与伦理关怀,并非出于什么争议。就此而言,这一界定表达出了舆论的主要内涵,但严谨性尚有欠缺。

第三种观点认为"舆论是公众对其关心的人物、事件、现象、问题和观念的信念、态度和意见的总和,具有一定的一致性、强烈程度和持续性,并对有关事态的发展产生影响"②。这种界定对于舆论的主体——公众、客体——公众关心的人物、事件、现象、问题和观念,以及特征——一致性、强烈性、持续性等方面概括得较为系统和完整,使人对舆论概念有更为清晰和全面的认知。但这一界定略显烦琐,并且有失准确。例如概念所强调的舆论的作用——对有关事态的发展产生影响就有待商榷,问题在于,没有对有关事态的发展产生影响的公众意见是否不属于舆论的范畴? 实际上舆论在形成初期并不会对有关事态的发展产生影响力,只是随着舆论的传播和强度的增加才会发挥其作用。因而把舆论产生的影响与后果作为概念的界定内容是不准确的。

第四种观点则在第三种观点的基础上作了补充:"舆论是公众

---

① 喻国明、刘夏阳:《中国民意研究》,中国人民大学出版社,1993 年,第 277 页。
② 孟小平:《揭示公共关系的奥秘——舆论学》,中国新闻出版社,1989 年,第 36 页。

关于现实社会以及社会中的各种现象、问题所表达的信念、态度、意见和情绪表现的总和,具有相对的一致性、强烈程度和持续性,对社会发展及有关社会事态的进程产生影响。其中混杂着理智和非理智的成份。"①这一观点兼顾了构成舆论的五大要素:其一,舆论的主体是公众,即对于外部社会有一定的共同知觉,或者对具体的社会现象和问题有相近看法的人群;其二,舆论的客体是各种各样的社会现象和社会问题;其三,舆论的本体是信念、态度、意见和情绪表现的总和;其四,舆论的主要特征是一致性、强烈性和持续性;其五,舆论的性质是复杂的,既有理性成分,也有非理性成分。这一界定显然比以上三种观点更为完整、全面,但除了存在上述第三种观点的问题以外,这一界定更显繁复。概念的界定应既能表明问题的实质,同时也应具有一定的弹性与涵盖力,过于面面俱到的概念界定反而会降低概念的解释力和准确性。在此意义上,对舆论特征的描述以及舆论所含有的理智成分和非理智成分等内容可以不纳入概念的界定之中,因为舆论的特征并非只有一致性、强烈性和持续性三个方面,还可以列举出更多的特征,但仅仅以这三个特征作为概念的界定内容显然是不适当的。

借鉴并整合以上四种代表性观点,可以把舆论的概念界定如下:舆论指的是民众基于固有的信念与价值观对特定社会现象与问题进行持续关注所形成的共识性意见。这一概念重点强调舆论所包含的三个主要结构要素:

第一,舆论的主体是民众。作为舆论主体的民众指的是一定范围内达到一定比例的多数人,少数人的议论和舆论是有着严格

---

① 陈力丹:《舆论学——舆论导向研究》,中国广播电视出版社,1999 年,第 11 页。

区别的。① 同时需要注意的是,作为舆论主体的民众在针对特定社会现象和社会问题形成自己的意见时,无不受其固有的信念与价值观的支配或影响。对同样的社会现象或问题,不同的信念与价值观必然形成不同的舆论观点。李普曼很重视固有信念对于舆论形成的深刻影响,在他看来,大部分人对世界的认知是通过他们的感情、习惯和偏见这个三棱镜的反射而得到的,也就是通过"固定的成见"得到的,因而人们的认知与事实真相之间是存在差距的。他因此质疑舆论存在的真实性和客观性,把舆论看作人们"头脑里的想象"。② 我们虽然不能完全认同李普曼否认舆论真实存在的悲观判断,但无疑,李普曼对于固有信念在舆论形成过程中发挥重要影响的认识却是具有借鉴意义的。固有的信念以及价值观都是形成舆论观点的深层结构,因而舆论引导的前提与基础就在于逐渐改变民众的固有信念与价值观,使之与引导目标趋于一致。

第二,舆论的客体是特定社会现象与问题。现代社会,各种各样的社会现象与社会问题层出不穷,但不是所有社会现象和问题都是舆论的客体,只有那些能够引起民众广泛关注的社会现象与问题才构成舆论的客体,而且民众的关注不是短暂的,而是具有一定的持续性。因为社会广泛关注的形成需要经历一个从个别关注到群体关注再到民众普遍关注的演变过程,在此过程中,关注的持续性是特定社会现象与问题能否成为舆论客体的关键构件。如果特定社会现象和问题出现以后得到迅速消除和解决,社会关注也

---

① 有学者认为议论是舆论的重要传播形态,但不等于舆论的形成,在一定范围内达到一定人数的议论才能构成舆论。笔者同意并借鉴了他这一观点。参见刘建明:《社会舆论原理》,华夏出版社,2002 年,第 49 页。

② [美]李普曼著,林珊译:《舆论学》,华夏出版社,1989 年,译者前言。

相应地戛然而止,那么这样的社会现象与问题就构成不了舆论的客体。网络化条件下,信息的传播更为便捷、高效,一种社会现象与问题很容易经由网络传播成为社会关注的焦点,一个舆论爆炸的时代正悄然产生,这就要求政府应具有更敏捷的反应能力和行动能力,以最快的速度解决各种各样的社会矛盾和问题,从而清除负面舆论滋生的土壤。对于短时间无法解决的问题也要做好解疑释惑的工作,以此争取舆论最大程度的支持。

第三,舆论的本体是共识性意见。共识性意见指的是民众基于自身的事实判断与价值判断所形成的一种共同的意志表达。首先需要强调的是,民众的意志表达要具有相对一致性,如果对于同一社会现象与问题众说纷纭,人们的看法各异,没有形成统一的意志表达,那么这些差异性的意见还不属于舆论的范畴。那么有没有一种量的标准来说明形成了共同的意志表达呢?有学者认为,按照感知事物比例的思维习惯,1/4 的比例通常被认为是"较多"的底数。一定范围内有 1/4 的人议论某一事物并持有一种意见,这标志着舆论已经形成。也就是说,在一定范围内约有 25% 的人持有一种意见是舆论形成的临界点。[①] 也有学者不同意上述观点,认为根据应用数学的"黄金分割比例"理论,一般来说,当在整体"1"中达到"0.618",就能产生对整体决定性的、全面的影响,而达到临界点的另一半,即达到"0.382",则可以使整体感觉到一种重要影响的存在。依据这一理论,在一定范围内有 38.2%(约三分之一多)的人持某种意见,这一意见便在这一范围内具有了相当的影响力(尚不能影响全局)。而如有 61.8% 的人持某种意见,则这种

---

① 刘建明:《社会舆论原理》,华夏出版社,2002 年,第 50 页。

意见将会在一定范围内成为主导性舆论。因此舆论形成的临界值在于一定范围内人数比例的1/3。[①]尽管学者对于构成舆论的共同意志表达的数量标准有不同的看法,同时在实际社会生活中这种量的确定也必然是模糊的,不可能那么精确,但不可否认的是,这一数量标准是客观存在的,对于判定舆论的出现与形成也是至关重要的。

其次这种共同的意志表达体现在两个层面:第一个层面表现为心理、精神、态度和情绪等隐性形态。隐性的意志表达作为一种特殊的舆论形态容易为人所忽略,但它却是一种客观存在,这反映了舆论形成与发展的内在规律。舆论作为群体性的意志表达,首先是作为个体性的心理活动和精神活动存在的,进而通过个体间的交流、沟通形成共有的价值取向。这种共有的价值取向往往通过某种特定的态度和情绪呈现出来,例如人们用怒目而视表达愤怒的情绪,用沉默表达抗拒与不满,用微笑表达友善等,隐性舆论属于舆论发展过程的初级阶段;第二个层面表现为语言表达、行为实践等显性形态。这是舆论发展的高级阶段,当心理、精神、态度和情绪层面的隐性舆论长期得不到有效疏导,舆论关注的社会现象与问题始终没有得到解决,沉默的舆论就会爆发,民众会通过语言表达,甚至行为实践的方式表达共同意志。这种显性舆论比之隐性舆论具有更强的传播性与感染力,尤其是行为舆论,如果不能有效疏导和控制,就有可能冲击社会秩序,破坏社会政治稳定的良好局面。

最后需要注意的是,这种共识性意见在演化、形成过程中,也

_____

① 陈力丹:《舆论学——舆论导向研究》,中国广播电视出版社,1999年,第18页。

不全是理性和正确的,由于各种复杂因素的影响,民众自身的事实判断未必是全面的、准确的,其价值判断也并非始终是理性的,谣言的传播,以及民粹主义的出现已经充分地证明了这一点。谣言推动形成的舆论属于一种"虚假的共识",因为其事实基础往往是杜撰或臆想的,当这种并不存在的事实被戳穿以后,谣言推动形成的舆论也就随之烟消云散了。民粹主义所推动形成的舆论属于一种"非理性共识",因为其价值判断往往是偏激的、狂热的,由此导致的事实判断也是不全面的、不准确的,当民众改善了自身发展处境,价值判断恢复理性之后,民粹主义所推动形成的舆论也会逐渐弱化并最终消失。但也不可低估谣言性舆论,以及民粹主义等非理性舆论在一定时空范围内的杀伤力,特别是网络时代条件下,网络谣言和网络民粹主义往往以更快的传播效应发挥其影响力,这对于政府舆论引导提出了新的挑战。

（三）舆论的形成

了解舆论如何形成,对于深刻理解舆论发展规律,进而做好舆论引导是至关重要的。舆论的形成问题一直以来备受关注,学者从不同的学术视野出发形成了不同的结论。西方理性主义强调舆论形成过程中人类理性的作用,认为人的思维可以得出合乎理性的认识,尤其是社会精英人物合乎理性的认识影响普通民众进而形成了舆论,并使舆论成为推动社会发展的决定性力量。例如理性主义代表人物黑格尔尽管对于"混杂着无穷错误和真理"的舆论持谨慎的态度,但也承认无论哪个时代"舆论总是一支巨大的力量",而谁能找出舆论所包含的真理,即"谁道出了他那个时代的意志,把它告诉他那个时代并使之实现,他就是那个时代的伟大人物"。① 理性主义是西方文艺复兴和启蒙运动以来推动西方资本主义发展的主要精神力量,理性主义打碎了西方中世纪宗教神学的精神枷锁,用人本主义代替神本主义,倡导理性,反对宗教蒙昧,为资本主义发展提供了理论论证,同时理性主义所塑造的社会舆论也为资产阶级的崛起提供了重要助力。而从舆论的发展史来看,现代意义上的舆论也正是18世纪资产阶级登上历史舞台之后得以形成的。

现代心理学侧重于从个体生理特点出发,从个体思维、认识发生角度考察意见的产生。比如精神分析心理学的代表人物弗洛伊德认为,"周期性的探索外部世界"是人的感觉器官的"一种特殊的机能","这种"特殊的技能"就是"注意",注意外部世界最初是作为一种"无意识"的思维存在,而后逐渐形成了人们的观念,观念的进一步发展形成人们的思想。② 与精神分析心理学不同,行为主义心理学则强调了外部因素对于人的生理性刺激在个体意见形成中的决定性影响,不承认人的主观意识对于意见形成的影响。另外,社会心理学关注在意见形成过程中的社会情境因素,侧重于强调舆论形成过程中个人与社会的关系。比较有代表性的是德国学者诺依曼提出的"沉默的螺旋"理论,这一理论强调人的社会天性,为防止交往中的孤立,人总是寻求与周围关系的和谐。这样就形成一种"沉默的螺旋"现象:当人们感觉到自己的意见(可能是一种新的意见,或者是一种业已存在的意见)属于"多数"或处于"优

---

① ［德］黑格尔著,范扬、张企泰译:《法哲学原理》,商务印书馆,1961年,第332、334页。
② ［奥地利］约翰·里克曼编,贺明明译:《弗洛伊德著作选》,四川人民出版社,1986年,第51～52页。

势"时,便倾向于积极大胆地发表这种意见;当发觉自己的意见属于"少数"或处于"劣势"时,遇到公开发表的机会,可能为防止孤立而保持"沉默"。意见一方的沉默造成另一方意见的增势,如此循环往复,便形成一种一方越来越强大,另一方越来越沉默下去的螺旋发展过程。[①]"沉默的螺旋"理论实质上描述了一种舆论的产生过程。

与理性主义与心理学侧重个体理性与个体心理的视角不同,社会学更多强调社会环境,以及社会性因素对于舆论形成的作用。有学者就认为,社会阶层(或地位)、种族(或民族)、年龄、性别、教育程度、经济收入、居住地七个要素,应成为考察舆论形成的主要参考依据。[②] 有的学者从东方文化条件出发,认为舆论形成更多受到人所在的社会组织(包括家族、种族、工作单位、社会团体)的影响,具体的社会组织比之抽象的"社会"更加能够决定民众意见的选择性。[③] 这些不同学科视角的观点,对于我们正确认识舆论的形成具有借鉴意义,总的来说,舆论的形成是民众心理因素和社会因素综合作用、相互影响的结果。

按照马克思主义的基本观点,"思想、观念、意识的生产最初是直接与人们的物质活动,与人们的物质交往,与现实生活的语言交织在一起的……人们是自己的观念、思想等等的生产者,但这里所说的人们是现实的、从事活动的人们","意识在任何时候都只能是被意识到了的存在,而人们的存在就是他们的现实生活过程",

---

① 转引自程世寿:《公共舆论学》,华中科技大学出版社,2003 年,第 106 页。
② 孟小平:《揭示公共关系的奥秘——舆论学》,中国新闻出版社,1989 年,第 46 页。
③ 谢高桥:《社会学》,巨流图书公司,1983 年,第 125 页。

"不是意识决定生活,而是生活决定意识"。① 舆论作为一种社会意识是社会存在的反映,有什么样的社会存在就必然会产生什么样的社会意识。从这一观点出发,舆论的形成大致会经历如下发展过程。

首先,重大社会变革或焦点问题开始出现,这是舆论形成的逻辑起点。重大社会变革往往牵涉社会政治、经济和文化关系的复杂调整,这关乎几乎每个人的切身利益,因而能够成为舆论关注的对象。而焦点问题一般属于社会特定领域的热点和社会发展特定阶段亟待解决的重点、难点,因而容易引起民众的普遍关注并形成舆论现象。

其次,民众意见逐渐形成并扩散。民众对于社会焦点问题形成广泛关注,积极了解事实真相,并从自身的价值理念出发逐渐形成自己的意见,这种意见最初隐藏于情感、情绪等心理层面,逐渐地通过语言和行为表达出来,使意见不断向四周扩散。对于民众意见的形成与扩散来说,有两点是很关键的:其一是民众对于事实真相的把握程度;其二是民众的理性程度。这两者从根本上决定了民众意见的性质。就前者来说,如果民众对于社会问题本身的把握不完整或不准确,那么他据此形成的意见必然是不客观的。就后者而言,如果民众没有全面了解事实真相,就必然会更多地从固有的成见体系或价值理念出发进行评判,在这种情况下,偏激的价值理念或错误的固有成见往往会使得非理性的意见潜滋暗长。即使民众能够把握事实真相,但一旦形成了错误或偏激的固有成见和价值观,一样会导致非理性的意见。而这种不客观的或非理

---

① 《马克思恩格斯文集》(第一卷),人民出版社,2009年,第524～525页。

性的意见不断扩散,就会形成一种负面的舆论氛围,这对于舆论引导是非常不利的,在当下的网络时代条件下尤其如此。因此确保民众及时掌握社会焦点问题的全面信息,并教育引导民众树立正确价值观,这对于舆论引导至关重要。

最后,通过民众意见的交流与整合,从而形成普遍性意见共识。这意味着舆论的最终形成。由于民众的固有成见和价值观,以及对事实的把握程度参差不齐,因此民众所形成的意见充满差异性,这种充满差异性的意见在扩散中不断进行意见的沟通、交流,街头巷议、论坛发言、会议讨论等都属于沟通、交流的具体路径,通过意见的沟通、交流会逐渐形成一种具有充分共识的主流意见,从而标志着舆论的形成。需要注意的是,一方面,在一定范围内的同质性群体中,意见的交流会基于社会信任与权威认同实现快速整合,产生意见共识。比如在学校,学生对于老师的观点往往会基于权威认同而产生意志服从,即使学生自己有不同的观点,也很容易自我否定。再比如在农村熟人社会,人们也会基于社会信任而倾向于相信亲戚朋友所描述的事实并接受其对事实的价值评判,因而也很容易形成意见共识。另一方面,在更大范围的多元性群体中,意见的交流更多是在平等的对话、讨论,甚至是激烈争论的过程中完成的,在此过程中,共识性意见的达成往往离不开"意见领袖"的大力推动。"意见领袖"一般热衷于传播消息和表达意见,有方便的条件靠近消息源,能掌握更全面、准确的事实信息,拥有丰富的知识和缜密的综合分析能力,因而在一定程度上能够影响或左右其他意见。"意见领袖"因其较强的意见传播和整合能力而在舆论形成过程中发挥着关键作用。

需要注意的是,上述舆论形成的三个阶段是为了分析方便而做的划分,而在现实中,舆论形成的三个阶段并非截然分开的,而是一个有机联系的整体。特别是面临一些突发性的社会问题和社会现象,舆论可能会在短时间内快速形成,产生一种爆炸性的舆论集聚效应,在这种情况下,舆论发展的阶段性特征也就不那么明显了,甚至两个阶段合二为一。因此不能把舆论形成的阶段划分绝对化。

（四）舆论的传播

舆论传播属于一种大众传播,美国学者德弗勒和丹尼斯认为大众传播是一个过程,在这个过程中,职业传播者利用机械媒介广泛、迅速、连续不断地发出讯息,目的是使人数众多、成分复杂的受众分享传播者要表达的含义,并试图以各种方式影响他们。[①] 借鉴这一概念,可以把舆论传播界定为:共识性意见借助传播介质以在更大空间产生影响力的过程与现象。

一般而言,舆论传播可以分为人际传播和媒介传播两种方式,人际传播属于一种传统的舆论传播方式,人际交往的频繁和紧密是其产生的基本条件,但这种传播方式有两个严重缺陷。第一个缺陷是传播速度缓慢,一种舆论形成以后从中心向外围的扩展需要较长的时间,因为口耳相传式的舆论传播需要人们在充分的社会交往中实现,而人们的社会交往要达到一定的程度也是需要时间的。第二个缺陷是舆论容易失真,长时间的人际传递,很难保证舆论内容不被修正,人们很自然地会在信息传递中不断赋予舆论新的主观性感受,久而久之,舆论的扭曲和变形就是必然的。

---

① ［美］梅尔文·L.德弗勒、埃弗雷特·E.丹尼斯著,颜建军等译:《大众传播通论》,华夏出版社,1989 年,第 12 页。

现代社会舆论的传播更多借助于大众传播媒介，媒介传播构成现代舆论传播的主要方式。新兴科技革命的发展促成了现代大众传播媒介的产生，无论是报纸、杂志等纸质媒体，抑或广播、电视、计算机网络等电子传媒，对于舆论在更广范围、更高速度地全方位传播都发挥着决定性的关键作用。马克思曾经指出："当报纸是匿名的时候，它是广泛的无名的社会舆论的工具；它是国家中的第三种权力。""报纸是可以作为社会舆论的纸币流通的。"①这显示出马克思所在的时代，报纸对于舆论传播的重要作用和意义。而随着电子媒介的发展，广播、电视、网络等新兴媒介的相继出现，不断赋予舆论传播以新的意义。西方传播学代表人物麦克卢汉提出"媒介即讯息"的观点，在麦克卢汉看来，电子媒介已不仅仅具有信息载体的工具意义，它同时具有积极能动的性质，对讯息会产生重大影响，它决定着信息的清晰度和结构方式。同时电子媒介不仅仅是一种信息传播介质，更是"人的中枢神经系统的延伸"，正像中枢神经系统把人整合成一个统一的机体，而电子媒介通过调动人的听觉、视觉等全部神经系统进行新的复杂组合，以更好地感知世界。② 可以说，电子媒介的飞速发展为舆论传播提供了最为便捷的路径和最为广阔的空间，舆论传播得以在全球范围内不断打破地域的界限和时间的限制，实现一种高速率的超时空传播。

大众传播媒介既是舆论传播的载体，同时也对舆论的传播产生深刻影响。因为媒介并非单纯的载体，它对舆论的选择性报道

---

① 《马克思恩格斯全集》(第7卷)，人民出版社，1959年，第523页。
② ［加拿大］马歇尔·麦克卢汉著，何道宽译：《理解媒介——论人的延伸》，商务印书馆，2000年，第33、92~93页。

和评价可能造成一些舆论的扩张和另一些舆论的衰退。① 舆论传播始终伴随着舆论与媒介的复杂互动,在此过程中,大众媒介则始终居于主导地位,决定着舆论的基本走向。而大众传播媒介的主导作用可以通过"议程设置"(也称议题设置)这一技术手段得以实现。"议程设置"思想最早于 20 世纪 70 年代初由美国人西奥多·怀特提出,随后政治学家伯纳德·科恩言简意赅地表达了这一思想。科恩认为,很多时候,就告诉人们应该思考什么问题而言,媒介可能并不成功,但在告诉人们有什么问题可以思考方面,媒介却是非常成功的。1972 年,马克斯维尔·麦克姆斯和唐纳德·肖用"议程设置"理论考察竞选活动并形成了经验报告,这篇经验报告有力证明了,特定时空选民所关注和讨论的主要问题,正是此间新闻媒介里突出的问题。② "议程设置"理论表明,在特定的一系列问题和论题中,那些得到媒介更多注意的问题或论题,在一段时间内将日益为人们所熟悉,它们的重要性也将日益为人们所感知,而那些得到较少注意的问题或论题在这两方面则相应地下降。③ "议程设置"理论给我们的启示是,通过特定的论题设置,可以有效影响舆论传播的走向,从而实现舆论引导的目标。

舆论传播是一个非常复杂的过程,能够对舆论传播构成深刻影响的,除了"议程设置"等技术性手段以外,还有其他方面的一些因素。

首先,隐性的舆论传播充满不确定性。有些舆论的传播并不

---

① 陈力丹:《舆论学——舆论导向研究》,中国广播电视出版社,1999 年,第 61 页。

② [美]威尔伯·施拉姆、威廉·波特著,何道宽译:《传播学概论》,中国人民大学出版社,2010 年,第 239 页。

③ [英]丹尼斯·麦奎尔、[瑞典]斯文·温德尔著,祝建华、武伟译:《大众传播模式论》,上海译文出版社,1987 年,第 85~86 页。

表达明确的意见,而是用事实来传递某种态度和意见倾向,而这种事实传递一旦成为多数人的共同行为,就会形成一种以某种事实或社会传闻为载体的隐性舆论传播。这种隐性的舆论传播或将产生两种截然不同的结果,一种结果是隐性传播逐渐显性化,即从原先的事实传递变成一种明确的共识性意见;另一种结果是在隐性传播过程中事实基础的扭曲、变形,从而使舆论的隐性传播异化为谣言的扩散,这必然对舆论传播的正常秩序带来冲击和破坏,甚至对社会政治秩序带来负面影响。

其次,舆论的传播方式是多元化的,既可以通过会议研讨、理论争鸣、学术交流等方式传播舆论,也可以通过影视、音乐、戏剧、绘画、雕塑等艺术创造的方式进行舆论传播。前者作为一种较为常见的舆论传播方式,其舆论传播的内容是确定的,方向也是明确的。而后者作为一种特殊的舆论传播方式,其舆论传播导向是隐蔽的,充满了不确定性,因为对于同样的艺术作品,不同的人可以做出不同解读并形成不同的舆论导向,甚至和艺术作品想要传递的舆论导向完全相反。这种不确定性对于舆论传播也构成了重要影响。

再次,传播受众的价值观及社会心态对于舆论传播有着深刻影响。舆论反映了一定群体的价值观与利益诉求,在不同价值观的影响下,民众对于特定舆论的传播会产生截然不同的态度。或者心有同感,从而全盘接受,并进一步散播舆论思想;或者不能认同,从而置之不理,并停止舆论传播。民众的价值观是构成相应社会心态的深层思想结构,并进而派生出一系列相应的社会情绪、心理倾向和思维模式。正向的价值观有利于产生平和的社会情绪、积极乐观的心理倾向和理性的思维模式,从而形成正面的社会心态。非正向的价值观则容易导致社会情绪的不稳定、心理倾向的极端化和叛逆性，以及思维模式的非理性，从而产生负面的社会心态。如果正面的社会心态在社会领域居于主导地位，则会有利于正向舆论的产生和传播，并对负面舆论的传播产生一定的过滤和抑制作用。反之，如果民众普遍持一种负面的社会心态，则容易形成负面舆论并传播，并对正向舆论的传播产生强大的消解作用。这种消解作用一方面表现在普通民众对于正向舆论的排斥心理和拒不认同的态度，另一方面表现为部分"意见领袖"对于正向舆论的意义解构，即通过扭曲人们对于正向舆论的意义认知，进而弱化正向舆论的现实存在价值。相对于普通民众来说，"意见领袖"的价值观及其社会心态对于舆论传播的影响更为突出。

最后，舆论是社会现实的折射，社会运行状况对于舆论传播起着根本制约作用。一般而言，良性的社会运行有利于积极舆论的产生和传播，非良性的社会运行则容易滋生并传播消极舆论。这是因为良性的社会运行意味着该社会拥有明确的社会运行规则，这些社会规则既包括外在的法律制度规范，也包括内在的道德约束，并且这些社会规则能得到民众的普遍认同和遵守，在此基础上形成和谐的社会秩序。而非良性的社会运行意味着社会运行规则的失效或低效，这既表现在法律制度等显性规则的功能丧失或名存实亡，也表现在社会道德伦理等隐性规则的崩塌，社会运行陷入混乱，社会矛盾和社会冲突不断，多元化的社会思潮滋生蔓延，负面舆论就会相应的甚嚣尘上。当然，这两种极端的社会状态是为了分析的方便而做的理论假设，事实上，社会的发展与变革是一个持续不断的过程，社会运行既不可能是绝对良性的，也不可能是绝对恶性的，而是不断地从不完善逐渐走向完善。在此意义上，社会矛盾和社会冲突的出现也就不可避免。因此对于一个社会来说，最大程度地解决社会矛盾和问题，最大程度地减少不和谐因素，增加和谐因素，就成为实现正向舆论传播的实践基础。但如果要在既定条件下减少负面舆论传播，增加正向舆论的传播，舆论引导就成为关键。

二、舆论场变迁中的舆论引导

（一）网络时代的舆论传播革命

20 世纪 70 年代以来，在以微电子技术等新兴科技革命的推动下，人类逐渐进入一个以信息技术的发明创造、普及应用为标志的网络时代。1998 年，联合国正式将互联网确认为具有世界性信息传播功能的大众媒体，并赋予其"第四媒体"的称号。美国学者曼纽尔·卡斯特认为，信息技术革命至少和 18 世纪的工业革命一样，是个重大历史事件。这场革命性变迁的核心是信息处理与沟通的技术。新信息技术以闪电般的速度席卷全球，已将全球的"支配性机能、不同的社会群体与领域连接起来"。[①] 网络时代的到来，推动信息传递产生质的飞跃，进而实现了舆论传播的深刻革命，这突出表现在以下六个方面：

1. 传统的舆论传播界限被打破

这主要表现在三个方面：其一，互联网使得原有的各种类型的传播方式被高度集成、整合，实现了独特的综合传播功能。"互联

---

① ［美］曼纽尔·卡斯特著，夏铸九译：《网络社会的崛起》，社会科学文献出版社，2006 年第 3 版，第 25～29 页。

网络可以囊括以往传统新闻媒体的一切表现形态和特点,同时具备它们所不具备的特点"①,传统意义上的大众传播媒介如报纸、广播、电视等实现了在网络平台的整合与浓缩,从而产生了一种舆论传播功能的聚合效应,即多种舆论载体的信息汇聚起来,通过声音、图片、视频的综合发酵、刺激,加之舆论领袖的引导和专家的解析,因而更容易形成舆论共识,推进舆论快速传播。

其二,网络时代的到来,逐渐打破了传统舆论传播的政府控制界限。原来的舆论传播所借助的大众传媒无论是广播、电视,还是报纸,都在政府的控制范围之内,也就是说,政府对于传统的舆论传播介质是有高度的控制力,这也就相应形成了政府对于舆论传播方向与性质的高度操控能力,各国政府都会自觉地运用这种控制力以主流意识形态影响舆论走向。网络时代的到来,大大弱化了政府对于舆论传播的操控力,各种非主流的舆论传播游离于政府控制界限之外。其原因在于,网络自媒体人人可以参与的特点,使得每时每刻通过该渠道进行传播的信息量达到"天文"级别。"面对如此巨大的数据量,即使政府投入同样以天文数字计算的资源,也难免会挂一漏万。"②

其三,网络传播打破了传统舆论传播的时间和地域界限。传统意义上的舆论传播都是在特定时间和地域范围内形成并扩散的,这在一定程度上决定了舆论传播的影响力和辐射范围。例如一个社会热点在一定的时间出现被广泛关注并在相应地域范围形成舆论传播现象,但这样一种舆论传播的影响力会在较远的区域

---

① 明安香:《信息高速公路与大众传播》,华夏出版社,1999 年,第 112 页。
② 杜鹃:"自媒体时代尤需法治精神",《光明日报》,2013 年 10 月 16 日。

范围内衰减,并随着时间的流逝而最终消失。而在网络时代,舆论传播的超时空特性可能会赋予陈旧的舆论话题以新的生命力,一个狭小地域的微小事件,甚至某一个名不见经传的人的只言片语也可能在网络传播中形成"蝴蝶效应",刮起影响全局的舆论风暴。

2. 网络信息传播的去中心化推动、实现了舆论传播主体的平等性

传统的舆论传播主要体现于人际传播和大众媒介传播两个方面,前者主要是人与人之间的舆论传播,这种传播方式具有一定的互动性,但由于社会个体舆论信息掌握有限,因而传播效果不佳;后者依托报纸、电台、电视等大众媒介进行舆论传播,这种传播方式克服了前者信息量不足的局限,但在舆论传播的互动性方面又明显不足,受众只能被动接受信息,缺乏选择的主动性和自由度。网络传播兼有人际传播与大众传播的优势,又突破了两者的局限。网络传播融合了大众传播(单向)和人际传播(双向)的信息传播特征,形成一种散布型网状传播结构,在这种传播结构中,任何一个网结都能够生产、发布信息,所有网结生产、发布的信息都能够以非线性方式流入网络之中。① 在这种去中心的舆论传播结构中,每个人都可以自由实现从信息接收者向信息发布者的角色转换,在技术意义上彻底实现了舆论传播主体的平等性。每个人都可以发布自己的舆论信息,表达自己对于特定社会现象或社会问题的看法和意见,甚至成为舆论传播的中心。这就打破了报纸、广播、电视等大众传播媒介独揽舆论事务的格局,形成了一种舆论塑造权力与传播权力分享的局面。

---

① 匡文波:《网络媒体概论》,清华大学出版社,2001 年,第 11 页。

3.舆论传播路径与载体的多样化、隐蔽化

网络传播具有多媒体特征,"所谓多媒体,就是使电脑成为一种可以作用于人的多种感知能力的媒体,它集合了多种媒体表现形式(如文字、声音、图片、动画、视频等)来传送信息"①。这决定了网络时代的舆论可以通过更加多样化的路径和载体进行传播,从而突破了传统舆论传播载体和路径单一的局限。

网络技术出现之前,人们进行舆论传播主要借助报纸、杂志等纸质媒体,以及广播、电视等声觉、视觉媒体,前者是通过视觉文字的形式进行的,后者结合了听觉的动态性和视觉的图像性,比之前者,后者由于声觉、视觉传播路径的建立,因而在舆论传播形态上更为丰富多样,传播效果自然也是报纸、杂志等纸质媒体所不能比拟的。但两者都有一个共同的缺陷,它们都属于一种单项式的传播,一方输出信息,另一方接受信息,这成为传统舆论传播路径的主要运行方式。

网络传播则在保留了传统舆论传播优势的基础上,实现了传播路径与载体的最大整合,从而形成了舆论传播的多路径和多载体的格局,并在此过程中凸显出交互性的新特征。不仅声音、图像、文字可以同时出现,而且可以自由转换,这赋予了人们对于舆论信息最强烈的视觉冲击力和最充分的心理感受力,对于舆论的传播走向发挥着潜移默化的影响。同时网络也新创造出一些更具隐蔽性的舆论传播路径,人们很容易通过网络论坛、群空间、博客、微博等路径建构微观舆论场,这种微观舆论场最开始一般属于一种局部存在,并不会产生全局性的影响力,因而也不容易为人所关

---

① 匡文波:《网络媒体概论》,清华大学出版社,2001 年,第5页。

注,但这种星罗棋布的微观舆论场深刻影响着人们的社会心态,催生出某种带有普遍性的社会情绪,从而构筑了舆论生成的特定社会文化环境。而随着舆论的持续发酵并扩散,加之突发性社会热点问题的激发,这种分散的舆论就会迅速膨胀并汇聚为一个整体,从而生成一种影响全局的舆论场。

4. 舆论传播效率的革命性变化

网络时代的舆论传播效率有了质的飞跃,首先,这得益于网络的同步传播与异步传播并存的特性。同步传播指的是同时性的在线传播方式,异步传播则是不同时的具有先后性的信息传播方式。前者实现了舆论信息的即时传递,网络传播不受印刷、运输、发行等客观条件的限制,在很短的时间内,信息就可以借助网络传遍世界的每一个角落,因此互联网又被称为"信息高速公路"。研究表明,利用光纤每秒钟可以传送亿万比特,这意味着,像一根头发丝细的光纤在不到一秒的时间里,可以传送《华尔街日报》创办以来每期报纸的所有内容。以这样的速度传递数据,光纤可以同时传送 100 万个频道的电视节目。① 人们可以通过网络直播的方式跟踪事态的进展,并随时发表自己的观点和意见,通过各种观点的碰撞和融合,从而很快形成强大的舆论浪潮。异步传播体现了网络传播功能上的多样性和灵活性,网络特有的数据存储功能和异步交流路径的建立,使人们可以最集约化地利用时间去获取信息或进行信息交流,从而实现了舆论传播的高效率。其次,舆论传播的效率变化还体现在,借助计算机信息技术和快速传播特性,网络传播的信息容量大大超过了传统媒体。报纸的信息传播要受到报纸

① 欧阳友权:《网络传播与社会文化》,高等教育出版社,2005 年,第 16 页。

版面的限制,广播、电视也会受到节目播出时间的限制,因而其在推动舆论传播过程中的信息量是既定的、有限的,一旦超过特定界限,更多的信息就要被删除或舍弃。而网络传播则不受这些限制,因而可以实现更大容量的信息传播。

5. 舆论传播的互动性增强

报纸、广播、电视等传统媒体所进行的大众传播基本上是一种"点对众"的"一言堂"传播,而网络媒体的传播正在形成"众对众""群对群"的"群言堂"传播,因而实现了前所未有的互动性。[①] 传统媒体条件下,信息传播者决定一切,接收者只能接到什么算什么。而网络媒体则可以让智慧存在于"传输者和接收者两端"。[②] 这就意味着,在舆论传播的意义上,社会个体一旦进入网络传播就会拥有双重身份:已有舆论信息的被动接收者和新的舆论信息的积极创造者。相对于传统舆论传播来说,这就决定了网络时代的舆论传播互动更趋复杂,这一方面体现在人们对于舆论信息的选择和意见的确立更加显示出独立性、差异性的特点,不同的群体从各自的价值立场出发对特定舆论信息进行解构和意义再造,使得最终的舆论形态得以蕴含更加充分的意见共识;另一方面也体现在网络传播空间,个体之间、群体之间,以及个体与群体之间的互动交错、叠加,形成一种爆炸性的舆论互动格局。对于传播者而言,通过与受众的交流,能够在第一时间内亲身了解受众的反应与想法,掌握信息的传播效果,以便对自己的传播行为作出正确的评价和修正,并能及时解答受众的疑问,加强传播的效果。对于受众

---

① 明安香:"网络传播:综合传播大平台",《新闻界》,2004 年第 2 期。

② [美]尼葛洛庞帝著,胡泳、范海燕译:《数字化生存》,海南出版社,1997年第3版,第30～31页。

而言,他除了能在第一时间内向传播者表达自己的意见外,还能从传播者那里获得新闻背后的信息。这种舆论传播的互动强度是传统的舆论传播互动不可比拟的。此外,不仅民众可以塑造网络传播,网络传播也对人们的舆论观产生着至关重要的影响。网络传播的舆论环境对民众舆论观的形成产生着潜移默化的塑造作用,民众的舆论取向无不深受特定舆论场的深刻影响。相对于传统舆论场而言,网络传播条件下的舆论场能够更加主动地向人们施加其影响力。

6.舆论传播内容更为复杂

传统舆论传播可以通过"议程设置"实现舆论传播内容的选择,并以此引导舆论传播向预定的方向和目标发展。但在网络传播条件下,舆论的"议程设置"能力和效果都明显地弱化了,其原因主要在于以下两个方面:其一,网络传播属于一种信息的"碎片化"传播,网络传播的信息量是巨大而多元的,不同的人基于不同的价值观与现实利益诉求,会形成对于舆论信息的差异化兴趣,网络时代的受众不仅可以自由选取自己感兴趣的信息,而且可以在网上发布信息,信息重要与否,不再完全由传播者决定,而是可以由受众自己决定。在此背景下,舆论的"议程设置"就可能因为人们的不感兴趣而失效。其二,"议程设置"效果与人们的社会心态有密切关系,当社会信任和政治信任缺乏的时候容易激发怀疑主义或逆反性舆论认知,即对于一切正向舆论或主流舆论持怀疑和排斥态度,对于负面的舆论反而倾向于相信并接受,这种怀疑主义,甚至逆反性社会心态必然会弱化主流舆论的"议程设置"效果。"议程设置"能力和效果的弱化所导致的一个直接后果是负面舆论的持续上升,主流舆论所占比重及其影响力相对下降,从而深刻改变了既有的舆论格局。

（二）舆论场变迁与多元舆论格局的形成

我国网络的发展异常迅猛，根据中国互联网络信息中心发布的《中国互联网络发展状况统计报告》，截至 2018 年 12 月，我国网民规模已达 8.29 亿，互联网普及率为 59.6%，网络视频用户规模达 6.12 亿，手机端网络视频用户规模达 5.90 亿，中国网民上网主流的行为已经偏向了移动化。网络技术的发展所带来的舆论传播革命对于传统舆论场构成了强大冲击，正如有的学者所指出的那样："过去的公共广场——散发传单、搭建临时演讲台、进行热情讨论的场所——正在被互联网取代，这将使普通公民可以参与国家话语、出版一份报纸、向世界发一份电子宣传册，并和前所未有的广泛听众交流信息。"①当前我国舆论场正在发生深刻变迁，这种变迁主要表现为网络舆论的崛起。

舆论场指的是包含若干相互刺激因素、使许多人形成共同意见的时空环境。舆论场的内在结构包括三个基本要素：同一空间人们的相邻密度和交往频率、舆论场的开放度和渲染气氛。② 同一空间人们的相邻密度和交往频率较高，空间开放度大，空间感染力强，则容易形成舆论场，在"场"的作用下更容易形成舆论。这是因为人群密度大、联系紧密则有利于人们交流看法，并形成共同意见，这种意见的表达与交流不断活跃，就会渲染气氛，产生极强的感染力，促使其他人产生心理趋同，从而加速推动意见共识的形成。同时舆论场的开放度决定了舆论场和社会环境相互连接、相

---

① ［英］琼尼·琼斯著，陈后亮译："社会媒体与社会运动"，载于《国外理论动态》，2012 年第 8 期。

② 刘建明：《社会舆论原理》，华夏出版社，2002 年，第 36～37 页。

互影响的大小，二者如果能够良性互动，实现信息渠道的畅通，则有利于信息甄别，促使反映真实社会意志的意见共识尽快形成。而气氛渲染则有助于激发社会情绪、塑造共同的社会心理和社会氛围，从而加速舆论的产生。就构成舆论场的三要素而言，我国传统舆论场与网络时代舆论场之间形成了显著的结构性差异，这种差异主要表现在以下三个方面：

第一，一定时空范围内人们的相邻密度和交往频率存在较大差异。传统的大众传媒如报纸、广播、电视等，虽然也可以进行有效的信息传播，但是这种传播是分散化的，尽管每一个社会个体都可以自由、平等的接收信息，并在家庭等初级群体范围内进行一定程度上的信息交流，但其范围是极其有限的，因而在这样的情况下所进行的舆论塑造和传播进程缓慢，效率较低。而网络所建构的虚拟空间一方面可以实现人群的高密度聚集，另一方面也可以实现充分的、高频率的信息交流。在网络世界，这样的虚拟空间形式多样，网络论坛、QQ 群、博客、微博等，不一而足，虚拟空间的设置也非常灵活、方便，可以根据不同的主题设置不同的虚拟空间，这样更便于对某种社会现象或问题形成共鸣。虚拟空间是现实社会的延伸，因为空间里汇聚的是不同地域、不同阶层、不同价值观的活生生的人，而其关注的问题也是现实社会生活中真实存在的。如果说网络是一个虚拟社会的话，那么虚拟空间就是网络社区，多元的网络社区相互连接，整合而成网络社会。网络社会赋予最大范围内人们频密联系与交往，而这是传统舆论场所不能比拟的，因而必然比之更加有助于舆论的形成与传播。

第二，在舆论场的开放度上两者存在显著差异。作为传统舆论场载体和表现形式的大众传播媒介也有一定程度的开放性，无论是报纸的版面设置,还是广播、电视的栏目内容,都会通过一定的方式积极吸收读者或观众的建议,通过读者或观众的反馈意见调整版面设置、修正栏目内容,以之作为吸引读者群或提高收视率的手段,因为没有读者的报纸和缺少观众的电视是没有生命力的。但报纸和广播、电视等传统大众媒介在传播信息的内容选择上是受到政府掌控的,信息的选择和取舍要体现政府的意志和主流价值规范,这就决定了其开放性是有限的。与之相比,网络时代舆论场的开放度显然更加深化了。这是由互联网的技术特点决定的,对于虚拟的网络世界而言,网络传播的信息量是无限的,对这些每天都在更新的无限量信息进行甄别、挑选和控制是不可想象的,在技术上也是难以做到的,而传播信息的各种网站也是数量巨大,而且每天都在增加,因此像掌控传统媒体那样操控网络信息的传播几乎是不可能的。网络技术的上述特点决定了网络时代的舆论场是高度开放的,传统舆论场无法与之比肩。

第三,网络舆论场比传统舆论场有更强的感染力。传统大众传媒往往通过"议程设置"的技术手段来达到渲染舆论气氛、引导社会形成舆论关注的效果,比如通过报纸设置专题版块,广播、电视创办专题节目等手段,在民众中形成关注相应舆论主题的社会氛围,从而推动舆论的形成和传播。在网络时代条件下,人们获得信息的渠道更加便捷,信息选择的自主性更加增强,因此在一定程度上弱化了"议程设置"的气氛渲染效果。反而虚拟网络世界具有更强的感染力,这一方面是因为网络信息渠道更为通畅,文字、图片、视频等多元化技术手段的整合,使得网络信息传播更加给人一种真实感和亲和力;另一方面是因为在政府公信力面临挑战以及网络民粹主义抬头的背景下,任何不利于政府的负面信息以及社会领域的热难点问题都可能成为关注的对象,并被不断渲染,最终成为舆论话题。

舆论场变迁伴随着舆论生成模式的重大调整,网络舆论的出现就是舆论生成模式调整的结果。传统的舆论生成模式一般借助于报纸、广播、电视等大众传播媒介设定舆论话题,随后通过人际间的信息交流,以及各类社会组织的宣传以塑造意见共识,最终形成社会关注的舆论现象。传统的舆论生成模式具有如下两个突出的特点:其一是单向性,舆论是通过大众传播媒介设置议题并向社会传播形成的,民众在此过程中只能被动接受,无法参与议题的设置;其二是滞后性,从社会问题出现到社会的广泛关注并传播,再到最终舆论的形成,其间会经历一个较长的过程,加之传统媒介的信息容量有限,信息更新缓慢,导致舆论形成的效率较低,总是滞后于特定社会问题的发展进程。网络时代的舆论生成模式越来越表现为借助新闻网站、网络论坛等网络载体,以及电子邮件、网上聊天工具等沟通手段进行热点社会问题的聚焦和意见的交流,从而引发社会广泛关注,形成舆论现象。网络舆论的生成模式也具有两个突出的特点:其一是互动性,在网络世界,舆论主题的设置不再是某一个网站的特权,每一个人都可以在网络空间创设舆论话题,但这一话题能否最终形成社会广泛关注的舆论则取决于更充分的意见交流与互动。而网络论坛、博客、微博等沟通手段的建立为意见的交流与互动提供了条件,网络的开放性、匿名性特征也为意见交流不断走向深入提供了动力。其二是即时性,由于网络实现了全球范围的信息流动,信息容量大,同时信息传播效率高,任何社会的变动,以及突发性社会事件的出现都能够第一时间在网上得到反映,人们通过网络能够紧密追踪事态发展并浏览同步更新的相关信息,非常有利于舆论的快速生成。

新的舆论生成模式赋予网络舆论比之传统舆论更大的影响力,甚至一定程度上产生了对传统舆论的解构作用。这源于网络舆论生成过程中的动力机制,这种动力机制一方面表现为汇聚偏好的草根投票机制,具体包括公共论坛的热帖机制、官方新闻的跟帖机制、蚂蚁搬家的转帖机制。另一方面表现为推波助澜的怨恨表达机制,即借助持续热烈的话题、出人意料的词语、一波三折的故事以渲染社会不满。① 网民通过发帖、跟帖和转帖很容易实现"志同道合者"的快速聚集,并对主流舆论的相关信息深度解析,质疑、反思和批判性的舆论解析最能激起共鸣,有时对主流舆论的肯定、推崇和同意被边缘化,甚至遭受讽刺、谩骂攻击。在这种氛围之中,"推波助澜的怨恨表达机制"开始发挥作用,网民往往针对政治领域的腐败个案或者民生领域的难题大做文章,制造舆论以宣泄对社会的不满。在这种动力机制作用之下,网络舆论形成了一种聚焦社会矛盾和问题的负面偏好,这必然对主流舆论的正向作用形成阻滞。

(三)多元舆论场背景下的舆论引导

对于舆论的管理而言,可以从宏观上划分为两种手段和办法:一种是舆论控制,另一种是舆论引导。这两种舆论管理的办法都曾经在人类历史发展过程中实践过。在封建专制社会,第一种手段更为常见。在中国古代历史上,不乏通过舆论控制维持专制统治的君主,舆论控制的结果是禁言,"防民之口甚于防川",人们不敢表达自己内心的真实想法,只能"道路以目",但舆论并不会消

---

① 参见李永刚:"互联网上的公共舆论及其生成机制",《文化纵横》,2010年第5期。

失,只是从一种显性的存在变成隐性的存在而已,久而久之,民间积怨日深,就会寻求发泄的途径,最终往往通过暴力的方式表达诉求。所以舆论控制虽然可以在一定时期维持社会政治秩序,但这种僵化的社会政治秩序往往不可持续,随后必然出现的舆论失控最终会给整个国家和社会带来巨大灾难。人类进入民主社会之后,在舆论管理上更多采用舆论引导的手段,这一方面是因为民主制度的建构和法治框架的确立,为人们进行自由、平等的对话、协商提供了政治基础,使人们可以在不同观点的对话中保持最大宽容,找到最大程度的交叠共识。另一方面是因为现代科技的进步和网络时代的到来,使得绝对的舆论控制在操作上变得日益不可能,因此舆论引导就成为最明智的选项。当然,对于民主社会的舆论管理来说,虽然以舆论引导为主,但并非绝对排斥舆论控制,尤其对于我们国家来说,面对世界范围内的文化交流、交融、交锋和意识形态差异,适度的舆论控制对于维护国家安全是极为重要的,因此以舆论引导为主,舆论控制为辅应成为我国进行舆论管理的基本策略。

党中央对于舆论引导一直以来都非常重视,党的十四届六中全会最早提出舆论导向的问题,在这次全会通过的《中共中央关于加强社会主义精神文明建设的若干重要问题的决议》中提出新闻宣传要"牢牢把握正确的舆论导向",同时要求"党报、党刊、国家通讯社和电台、电视台要发挥主导作用"。[①] 随后党的十五大、十六大都强调了坚持正确舆论导向的重要意义,党的十六届四中全会

---

① 中共中央文献研究室:《十一届三中全会以来党的历次全国代表大会中央全会重要文件选编》(下),中央文献出版社,1997年,第386页。

在加强党的执政能力建设层面提出要"牢牢把握舆论导向,正确引导社会舆论。坚持党管媒体的原则,增强引导舆论的本领,掌握舆论工作的主动权",同时特别强调要"高度重视互联网等新型传媒对社会舆论的影响,加快建立法律规范、行政监管、行业自律、技术保障相结合的管理体制,加强互联网宣传队伍建设,形成网上正面舆论的强势"。党的十六届六中全会提出"坚持正确导向,营造积极健康的思想舆论氛围",并从和谐社会建设的角度强调"正确的思想舆论导向是促进社会和谐的重要因素"。党的十七大突出了网络文化环境管理的重要性,提出"加强网络文化建设和管理,营造良好网络环境"。党的十八大强调要"牢牢掌握意识形态工作领导权和主导权,坚持正确导向,提高引导能力,壮大主流思想舆论"。党的十九大再次突出强调要"坚持正确舆论导向,高度重视传播手段建设和创新,提高新闻舆论传播力、引导力、影响力、公信力。加强互联网内容建设,建立网络综合治理体系,营造清朗的网络空间。落实意识形态工作责任制,加强阵地建设和管理,注意区分政治原则问题、思想认识问题、学术观点问题,旗帜鲜明反对和抵制各种错误观点"。可见,舆论引导在中央的整体工作布局中始终占有重要地位。

舆论引导体现为主流舆论影响、吸引并最终改变非主流舆论的过程。任何社会都存在主流舆论和非主流舆论,区别的标准在于看哪一种舆论更能体现绝大多数人的共同利益与意志,一般把体现大多数人利益与意志的舆论称之为主流舆论,只代表少数人或群体的利益与意志的舆论称之为非主流舆论。在我国,体现最广大人民群众利益与意志的舆论就是主流舆论。利益诉求是舆论形成的根据,而利益的背后则映射了不同的价值观,不同的舆论具有不同的内在价值尺度,舆论是价值观的反映。因此舆论引导在本质上就体现为主流价值体系对于各种非主流价值的影响和塑造,使其不偏离主流价值体系的发展轨道。对于我们国家来说,舆论引导就是要用社会主义核心价值体系去规范和制约多元化社会思潮的影响,形成以社会主义核心价值观为主导的舆论共识,从而为中国特色社会主义的不断发展提供最充分的社会认同与支持力量。在全球化、市场化、网络化深入发展的当下,我国舆论引导还面临着重大挑战与风险,这主要表现在以下五个方面:

第一,全球化背景下西方文化输出与意识形态渗透。全球化带来的不仅是经济要素的自由流动,而且也形成了不同文化之间更频繁的交流与互动,以及不同意识形态和价值观之间的相互影响与较量。冷战结束以后,资本主义与社会主义作为两种不同意识形态的对抗不仅没有结束,反而在全球化的新形势下变得更为激烈和复杂。借助全球化,西方文化的输出与意识形态的渗透变得隐蔽而强势,西方国家一方面借助电影、电视剧等文化产品实现其价值观的社会渗透,另一方面通过所谓学术交流、研究基金资助等方式培植其学术代理人,为其价值观在国内传播摇旗呐喊。同时这也得益于西方国家,特别是美国在信息和通信技术领域始终拥有的绝对优势,掌控着因特网的基础资源。目前因特网的主根服务器在美国,其余12台辅根服务器有9台在美国,2台在欧洲,1台在日本。所以中国因特网是否可用,控制权在美国手中,而且这种情况在相当长的时间里还很难改变。此外,我国计算机及网络信息系统使用的主要操作系统和芯片、数据库、路由器等核心技术,以及互联网领域的核心基础服务等,也都掌握在美国手中。[①]
在"西强我弱"的世界文化格局中,这种技术上的不对称一方面使
得西方文化输出和意识形态渗透更为便捷,另一方面也使我国文
化安全面临严重威胁,我国主流意识形态的吸引力和凝聚力面临
巨大风险。这对于舆论引导来说无疑是非常不利的。

　　第二,市场化背景下的利益分化与思想多元。改革开放以来,
市场经济的深入发展和所有制结构的调整,使得我国非公经济快
速成长、壮大,传统的利益结构被打破,逐渐形成了一种利益多元
化的新格局。与这种利益多元化的经济格局相适应的是社会结构
的深刻变迁,尤其表现在阶层结构的变化,不同的阶层在整个利益
分配结构中处于完全不同的位置,因而表现出极具差异性的利益
诉求,这些极具差异性的利益诉求会借助大众传播媒介进行表达,
从而形成各种各样的舆论现象。因此多元舆论场的出现本质上反
映了市场经济条件下社会阶层分化和利益多元化的深刻现实。按
照马克思主义观点,社会舆论是阶级意识的体现,是不同群体利益
诉求和价值观的体现,因此在多元舆论场条件下,不同的利益主体
和社会阶层从各自的立场出发表达其利益诉求与权利意志,就会
形成极具差异性的思想选择与价值追求。与之相适应,多样化的
社会思潮应运而生。当前在我国思想文化领域,新自由主义、历史
虚无主义、民主社会主义等社会思潮出现,不断展示其影响力,与
马克思主义的主流意识形态争夺话语权。在人们思想的多样性、
选择性、多变性增强的背景下,多元社会思潮所带来的影响必然使
思想统一和价值整合变得更加困难,这给我国舆论引导带来严重

---

① "'棱镜'事件:折射我国信息安全隐忧",《光明日报》,2013年7月6日。

挑战。

第三,非理性社会心态萌生与网络舆论的情绪化。社会心态指的是特定历史时期人们在政治、经济、文化和社会领域的现实诉求通过心理映射而形成的一种潜意识,这种潜意识在现实信息的激发之下会导向积极与消极、理性与非理性等完全不同的方向,并对人们的社会认知模式、价值评判标准和情感取向产生决定性影响。积极、理性的社会心态反映了人们现实诉求的合理化与满足感,因而人们对于现实的制度建构与社会运行秩序持肯定的态度、积极的评价和情感取向上的幸福感。消极、非理性的社会心态则反映了人们现实诉求的无法实现,以及相应产生的挫败感,因而人们对于现实的制度建构与社会运行秩序持否定的态度、消极的评价和情感取向上的不幸福感。社会心态既表现在社会个体层面,也表现在社会群体层面,对社会运行构成深刻影响的是群体意义上的社会心态。这也就是说,当一个社会形成了一种普遍性的社会心态,就可以以之为依据相应去判断该社会的制度建构与社会秩序状况,积极、理性的社会心态意味着良性的制度建构与社会秩序;反之,消极、非理性的社会心态则意味着现实的制度建构与社会秩序出现了问题,需要通过改革加以纠正。改革开放以来我们国家在经济、政治、文化和社会建设等方面取得了举世瞩目的成就,人民的生活水平持续得到改善,与之相适应,人们形成了一种积极、理性的普遍社会心态。但由于改革是一场利益调整的深刻革命,在改革的不同阶段,总是会产生利益的相对受损者,尤其是在市场竞争的环境中,优胜劣汰机制的自发作用必然会产生一定量的社会弱势群体和边缘化群体,加之渐进式改革的特点所决定的制度建设的逐步完善,这就决定了人们的现实诉求不会全部得到满足。在此背景下，非理性的个体社会心态开始萌生。这种非理性的个体社会心态会在网络时代条件下迅速膨胀并相互感染，从而形成一种情绪化的网络舆论。这种情绪化的网络舆论一方面热衷于宣传社会领域的负面消息，以之作为自己发泄内心不满的精神载体，并通过吸引更多人的加入以产生情感共鸣作为自己的目标；另一方面情绪化的网络舆论通过标签化的社会认知模式从而形成逆反性社会心理，所谓标签化的社会认知模式指的就是把独特个体事物的基本特征普遍化，使之成为判断类似事物的绝对标准，这种以偏概全的标签化认知模式在负面社会形态的环境中容易生成逆反性社会心理，即只相信负面的信息，对于积极、正面的消息则持一种怀疑主义的态度。这种局面如果长期得不到扭转，必然会腐蚀我国舆论引导的社会心理基础，使我国舆论引导处于不利境地。

第四，政治信任弱化与网络谣言传播。政治信任指的是民众对于特定国家的政治体系及其实践形态的制度运行和理论形态的政治价值体系所形成的信赖与认同的心理。政治信任表现为多元结构的统一，在宏观层面体现为对整个政治体系及其理论形态的政治价值体系的认同与信任，在中观层面体现为对具体制度建构，以及政策实践的信任，在微观层面体现为对公职人员具体政治行为的信任。政治不信任首先从微观层面质疑具体政治行为开始，逐渐腐蚀政策与政府信任的实践基础，最终摧毁整个政治体系及其意识形态信任。政治信任是社会政治稳定的社会心理基础，是党和国家政治凝聚力的重要来源，政治信任的匮乏则会撕裂政治团结、消解政治认同、降低政治运行效果。改革开放前后，我国政治信任经历了一个深刻的结构性转变过程，改革前的政治信任表现出鲜明的意识形态特性,即党和国家能够依托革命战争年代积累的政治权威,并以理想主义的政治价值宣示凝聚最广泛的社会政治信任。改革以来的政治信任则本质上体现为制度信任,即主要通过实践中制度绩效的能动显现以增强民众的政治信赖。事实上,改革开放以来党和国家带领人民所取得的经济社会进步的非凡成就,以及人民生活水平的快速提高也是有目共睹的,因而总体上赢得了人们充分的政治信任。但随着改革进程的加快,在经济、政治、文化和社会领域也暴露出不少亟待解决的问题,比如经济领域收入分配差距加大的问题,政治领域少数党政干部脱离群众、腐化堕落的问题,文化领域社会道德滑坡的问题,以及社会领域的一些就业、医疗、教育等民生难题,这些问题的出现在一定程度上弱化了民众对党和政府的政治信任。网络时代条件下,政治信任的弱化为网络谣言的传播提供了机会,因为网络谣言的传播正是利用人们的政治不信任得以实现的。网络谣言所挑战的是主流媒体的舆论话语权和政府舆论引导的权威性,因此政治信任弱化和网络谣言传播使舆论引导面临巨大风险。

第五,媒体的功利化取向与舆论引导责任缺失。改革开放以来,我国逐渐实现了从计划经济体制向市场经济体制的过渡,与此相适应,在推动经济发展的激励机制的建构方面,我们国家也逐渐改变了过去侧重于精神激励的模式,转而发挥物质利益在激励机制中的杠杆作用,以之作为调动人们工作积极性的主要手段。这样一种激励机制的构建一方面唤醒了人们的利益意识,并且产生了推动经济社会发展的最大动能,实现了显著的经济发展效果。另一方面物质利益原则向社会公共领域和部门的渗透,会产生更看重经济利益核算的功利化趋向,从而淡化本应具备的社会服务功能。报纸、广播、电视等大众传播媒体作为社会公共部门担负着重要的提供公共服务的职能,尤其是在"人人都有麦克风"的新媒体时代,传统大众媒体更要在增进社会公共利益和积极构建主流价值观的过程中发挥出重要的整合作用,但媒体的功利化趋向使这种正面作用打了折扣。当一些媒体出于经济考量而选择"有偿新闻",甚至为了经济利益而制作虚假新闻,媒体的公信力自然严重受损,舆论引导的能力严重丧失,舆论引导的责任更是荡然无存。大众传播媒介作为舆论传播的重要载体,对于舆论引导来说至关重要,媒体的功利化趋向会使其丧失舆论塑造的权威性与公信力,这对于舆论引导来说具有很大的杀伤力。

可见,舆论引导在现实当中还面临着一系列的结构性难题,因此舆论引导的实现还需要整体意义上的舆论环境建设,并在此过程中实现社会主义核心价值体系的积极融入与渗透。

三、在舆论引导中实现社会主义核心价值体系的融入与渗透

（一）舆论引导的发展趋势与特征

对于我们国家来说,舆论引导就是在党和政府领导下,通过发挥各级各类机构、组织的作用,并借助大众传播媒介的传播力量,以实现社会主义核心价值体系主导舆论走向的过程。舆论引导的本质在于通过思想塑造以实现主流价值认同的目标,思想塑造体现的是一种内在服从的力量,即民众只有从内心深处真正形成对社会主义核心价值体系的认同和信服,才能在思想塑造的意义上实现舆论引导的目标。可见,舆论引导虽然在形式上表现出来的

是舆论话语主导权的争夺,但实质上是民心的争夺,只有让社会主义核心价值体系成为民众真实而巩固的信仰,我们的舆论引导才能真正立于不败之地。在此意义上,舆论引导的过程就是一个不断增强社会主义核心价值体系吸引力与凝聚力的过程,并在此基础上实现凝聚民心的目标。在当前利益分化、思想多元、价值多样的市场经济条件下,舆论引导的重要性更加凸显出来,与此同时,网络时代的到来使得舆论引导越来越显示出新的发展趋势与特点,这主要表现在以下五个方面:

1. 党和政府的权威性已成为实现舆论引导有效性的根本保证

权威体现的是一种使人自愿服从的力量,党和政府的权威性就表现在民众对党和政府的价值主张能够自觉认同和自愿支持。这种权威性一方面来自于理想主义的价值宣示,即承诺带领人们实现对美好生活的向往和理想社会的追求;另一方面也来自于现实的制度行动能力,即通过具体的制度设计和政策实施逐步把理想变成现实。两者相辅相成,不能相互脱离,理想主义的价值宣示需要在制度实践中展示其生命力,而制度的建构与运行也需要价值体系的规范与指引。因此这两者的统一对于党和政府的权威性具有根本意义,如果理想主义的价值宣示和现实的制度行动能力之间出现了错位或脱离,就会导致人们一方面对于价值体系的信仰逐渐弱化,另一方面对于政府的制度行动能力也会产生质疑,从而对党和政府的权威性构成严重挑战。我们党从成立以来,无论是革命战争时期还是社会主义建设和改革时期,都能带领人民克服困难并实现预定目标,庄严兑现了党向人民做出的郑重承诺,因而也赢得了人民的拥护和信赖。但随着改革进入深水区,一些长期困扰改革进程的深层次问题不断暴露出来,尤其是政治领域的个别党政官员腐化堕落、经济领域的收入分配差距扩大和社会领域的住房、就业、医疗、教育等民生难题长期得不到有效解决,这都影响了党和政府的权威性。而党的十八大以后,我们党反腐败的强大力度、全面深化改革和依法治国决定的出台都使党和政府的权威性进一步增强。

实际上,价值理想与制度建构之间总是存在一定的落差,因为价值理想体现了对于未来发展的期待,因而总是具有一种超前性的特征,而制度建构需要根据现有条件渐进完成,因而具有一种现实主义品格,总是显示出滞后性的特质。两者之间的这种落差在改革的当下犹存,社会主义初级阶段的历史方位和渐进的改革模式决定了社会主义核心价值体系在当下的制度建构中还不可能完全充分体现出来,社会主义的理想价值诉求和阶段性的制度供给不足之间的矛盾碰撞,影响着党和政府权威性的社会基础。同时网络时代的信息传播革命对党和政府的权威性也带来巨大冲击,网络传播的匿名性和群体极化特征往往使得个别党政官员的网络失言、失政、失德行为被无限放大到整个党政官员群体,某些党政工作人员的不作为或乱作为往往被扩大到多数党政工作人员,这就很容易形成一种扭曲的政治不信任心理,极端观点有时受到吹捧,理性、平和观点难获认同,甚至被群起而攻之。一旦党和政府的权威被弱化,党和政府的价值主张即社会主义核心价值体系的吸引力和凝聚力就会受到影响,相应地,舆论引导的效果也会大打折扣。这种状况决定了网络时代条件下面对改革进程中亟待解决的深层次问题和舆论传播的重大变革,巩固党和政府的权威已成为舆论引导有效性的根本保证。

2. 舆论引导的主渠道正从传统媒体向网络新媒体转移,这源于传统媒体影响力的弱化和网络新媒体影响力的增强

传统媒体影响力的弱化一方面表现为信息传播技术革新的必然结果,网络新媒体在信息存储、传播效率,以及信息互动等方面都实现了质的飞跃,传统媒体无可比拟。因此人们越来越倾向于借助网络渠道获取信息、交流信息,相应地,随着人们注意力的转移,传统媒体的影响力也自然日渐弱化。另一方面传统媒体公信力的下降也是导致其影响力弱化的重要原因。造成传统媒体公信力下降的因素很多,可以从经济和政治两个层面来分析,首先是经济层面,市场经济所彰显的物质利益激励原则开始向媒体领域渗透,在物质利益的诱惑面前,一些媒体记者失去了其应有的公共伦理与责任担当,为了自私的利益而罔顾媒体报道的客观真实原则,而且在网络时代条件下,极个别媒体记者的不良行为很容易被放大,从而给整个传统媒体的公信力带来负面影响。

随着舆论引导主渠道从传统媒体向网络新媒体转移,我们需要更加重视网络新媒体对于舆论引导的重要作用,并与之相适应,我们也需要重新思考舆论引导的策略与技术手段,以保证舆论引导的最佳效果。要打破传统媒体环境中单向灌输的思维定势,善于在开放、透明的环境中通过平等、公开的讨论进行舆论引导。传统媒体条件下党和政府拥有信息选择的主导权和"议程设置"的主动权,但在"人人都有麦克风"的新媒体时代,社会个体可以根据自己的偏好进行信息的甄别和选择,传统的"议程设置"效果也在弱化,在此背景下,传统的单向灌输式的舆论引导策略已经很难奏效,党和政府需要在开放的环境中逐渐适应平等对话、掌握意见沟通技巧,形成潜移默化的舆论引导效果。

3.在网络时代条件下,信息传播的碎片化使得舆论引导的整合性特征更加突出

碎片化的信息传播在某种程度上代表着传播模式的一次变革,这里的碎片化指的是信息来源的多元化、观察视角的分散化、信息文本的零散性和信息要素的不完整性,以及意见的异质性、分裂性。① 以微博为代表的新媒体在信息传播的碎片化方面表现得最为典型,这一方面表现在信息传播形式上的简短、明快,每一条微博都要在 140 个字的范围内完成关键信息的传递,这就使得新媒体环境下的信息传播只能是抛出话题,而不可能进行深入的内容分析,而伴随点状的舆论话题不断抛出并在信息传播中逐渐汇聚成网,这就为舆论的形成做好了准备。另一方面信息传播的碎片化也表现在信息传播内容,以及价值评判上的多样性,以微博为代表的新媒体在当下已成为各种信息的发源地和集散地,经济、政治、文化、社会等公共领域的热点问题都能够通过微博的激发形成网络围观,并最终成为舆论话题。通过实际调查,以及对微博话题的统计、分析发现,用户对社会公共事务的关注度远高于其他,这已成为微博与其他网络应用的重要区别之一。用户通过微博关注和参与公共事务,对构建公共舆论平台有重要意义。② 在信息传播的碎片化背景下,舆论引导的整合性特征更加突出。

舆论引导的整合性,一方面表现在作为舆论引导重要载体的传统媒体在技术层面与新媒体深度融合。网络时代的新技术不断发展,并由此推动信息传播形态的深刻变迁,与此相适应,传统媒

---

① 彭兰:“碎片化社会背景下的碎片化传播及其价值实现”,《新传媒》,2011 年第 10 期。

② 谢新洲、安静、田丽:“社会动员的新力量——关于微博舆论传播的调查与思考”,《光明日报》,2013 年 1 月 29 日。

体需要通过技术革新,积极融入新媒体,才有可能在舆论引导方面有所作为。现实中媒体融合已成为不可逆转的趋势,广播、电视、报纸、杂志,以及网络的技术融合已经初步实现。媒体融合有利于"建立全媒体的生产能力,形成多介质的传播能力,提高全方位的经营能力"①,这对传统媒体提升舆论引导力来说是至关重要的。另一方面舆论引导的整合性也体现在中央所提出的大宣传理念。习近平总书记在全国宣传思想工作会议上的讲话中特别提出要树立大宣传的工作理念,动员各条战线各个部门一起来做,把宣传思想工作同各个领域的行政管理、行业管理、社会管理更加紧密地结合起来。这明显是因应新媒体条件下信息传播碎片化、舆论多元化的现实提出来的,正因为舆论焦点散布于各个领域,因而需要整合各个领域的力量加以应对,因此大宣传工作理念充分体现了在网络时代条件下舆论引导的整合性特征。

4.舆论生成的突发性决定了舆论引导的快速反应趋势更加明显

网络时代的信息传播越来越呈现出去中心的鲜明特征,尤其是微博、微信和客户端等新媒体的发展使信息传播进入一个"人人都有麦克风"的新阶段,去中心的特征更加明显。在我国进入社会转型加速期和改革深水区的特定历史背景下,这种信息传播的深刻变革对于我国的舆论生成模式带来重大影响,舆论生成的突发性特征更加明显。社会转型是一个社会秩序的重塑过程,在此过程中,社会的失序、失范现象会不可避免地出现,在社会转型加速期社会失范现象则更为常见,在规范社会运行秩序、纠正社会失范

---

① 黄卫:"新媒体时代的挑战",《学习时报》,2011 年 12 月 19 日。

方面,政府治理扮演着重要角色。一般而言,良性的政府治理依托科学的制度设计和严格的制度执行,往往会最大程度地减少社会失范现象,实现社会有序运行,因此人们对政府往往给予更多的关注和期待。而随着我国改革进入深水区,一系列制度性弊病,以及经济社会发展中的结构性难题逐渐暴露出来,各领域的社会失序、失范现象增多,人们对于社会失序、失范现象的不满情绪借助网络新媒体不断释放、汇聚,从而形成一种负面、消极的舆论氛围,而任何一个群体性事件或其他突发事件的出现,都可能成为导火索,激发和点燃社会舆论,并形成"燎原之势"。舆论生成的突发性决定了舆论引导必须能够快速反应,做到第一时间①发声,在第一时间抢占舆论制高点。习近平总书记在全国宣传思想工作会议上的讲话中特别强调宣传思想工作要把握好"时""度""效",体现出中央高度重视宣传思想工作中第一时间发声对于舆论引导的重要意义。

5. 在开放性的网络传播条件下,舆论引导的有效性越来越依赖于潜移默化式的"柔性策略"

开放性是网络传播的独特技术特征,开放性的网络传播条件赋予了每一个社会个体平等参与信息传递与意见交流的权利和机会。在市场经济条件下,人们思想活动的独立性、选择性、多变性、差异性显著增强,社会思想文化呈现出日益多样化和复杂化的特

---

① 所谓第一时间,并没有一个绝对的标准,但曾经出现过黄金24小时、黄金6小时、黄金4小时等概念,黄金24小时指的是传统媒体的第一时间标准,黄金6小时指的是进入网络时代后的第一时间标准,黄金4小时则是微博、博客出现以后的第一时间标准。但在有的学者看来,随着微博时代的到来,黄金4小时已显得苍白无力了,应把第一时间定位于黄金1小时,这样才可能占领舆论制高点。参见中国外交部新闻司参赞邹建华在"第三届网络舆情高峰论坛"的发言"新媒体发展对舆论格局带来的变化和挑战",人民网舆情频道,2013年12月6日。

点,加之改革过程中深层次矛盾和问题不断显现,社会不满情绪开始形成并通过开放性的网络平台表现出来,从而形成负面的网络舆论。这种负面的网络舆论不断发酵,会催生出具有激进色彩的网络民粹主义,以及非理性的逆反性社会认知模式,网络民粹主义者常常以底层民众的代言人自居,煽动仇富、仇官情绪和心理,逆反性社会认知模式倾向于相信丑闻和负面消息,对于主流媒体的正面宣传采取排斥的态度。

网络民粹主义和非理性的逆反性社会认知模式对于传统的命令式和灌输式的正面宣传策略构成了深刻挑战:一方面,命令式和灌输式的正面宣传虽然解决了形式上的正面信息传播问题,但不能解决人们对于相关信息和价值观的内在认同和服从的问题;另一方面,命令式和灌输式的正面宣传策略在缺乏社会心理支持的背景下,其舆论引导效果必然大打折扣。舆论引导的核心在于凝聚认同,为此就需要"以理服人",而不是"以势压人",在开放性的网络传播条件下,这一点显得尤其重要。就此而言,在网络时代条件下,舆论引导的有效性越来越有赖于一种"柔性策略",这种"柔性策略"的要义在于通过平等、坦诚的对话凝聚价值共识,进而在潜移默化中实现舆论引导目标。平等、坦诚的对话有利于实现网络理性的回归,同时消解网络民粹主义和逆反性社会认知模式生存的思想根基,从而为主流价值的确立奠定良好基础。

(二)在官方与民间舆论场的良性互动中提升舆论引导能力

网络时代的到来使得网络舆论为主体的民间舆论场迅速崛起,从而使我国初步形成了主流媒体的官方舆论场与民间舆论场并存的格局。两个舆论场所讨论的内容、使用的话语,乃至讨论的方式都大异其趣。民间舆论场的"把关"相对较弱,网络的匿名性使言论的发表者获得了更高的安全感,因此社会生活的多样性、思想文化的多元化,在网络舆论场上表现得更加明显。① 官方舆论场指的是党管主流媒体通过宣传党和政府的方针政策,以及社会主义核心价值体系所塑造、形成的舆论环境。由于主流媒体肩负着主流舆论塑造与舆论引导的双重政治功能,因而其舆论传播会经受严格的把关与信息过滤,而这也同时导致主流媒体的舆论塑造效率与网络舆论相比要低一些。

网络舆论成为一种不容忽视的舆论力量,对现实舆论走向产生着深刻影响。但网络舆论本身带有复杂的二重性特征,这表现在:一方面网络舆论反映了部分民众的真实意志和理性诉求,这种借助网络所形成的即时性民意反映,对于实现国家决策的科学性与有效性具有重要意义,从而体现了网络舆论的正向价值;另一方面网络舆论也充斥着诸多非理性的情绪化主张与偏激性观点,这种非理性扭曲了真实民意,进而弱化了网络舆论反映社会意志的积极功能。

网络舆论的二重性特征决定了官方舆论场与民间舆论场良性互动的可能性与合理性。其可能性表现在:以党报、党刊和通讯社为主体的官方舆论场是党和人民的喉舌,代表了最广大人民的意志和根本利益,这和部分反映真实民意的民间舆论场在核心价值上是高度契合和内在统一的,这意味着两个舆论场具有良性互动的价值基础。其合理性表现在:其一,官方舆论场作为人民利益与意志的反映,其代表性、权威性与完整性需要通过融入民间舆论场、吸收网络民意而得到充分体现,漠视、排斥网络舆论所反映的

---

① 胡泳:"'一言堂'VS'众言堂'",《南方传媒研究》,2012 年 11 月 27 日。

真实社会意志,就必然会降低官方舆论场的舆论引导能力;其二,作为官方舆论场重要载体的主流媒体拥有信息权威、采编正规的特有优势,这种特有优势可以有效矫正网络舆论的非理性,消解网络舆论的负面影响,彰显主流媒体在网络时代实现有效舆论引导方面的独特作用。当然,随着我们党和国家强调传统媒体与新型媒体的融合发展,网络新媒体也日渐成为官方舆论场的重要载体,但这方面的发展还需进一步增强。

在网络时代条件下,国家舆论引导能力是通过官方舆论场与民间舆论场的良性互动塑造而成的。互联网开辟了社会个体充分表达自我意志的广阔空间,而全球化所带来的异质文化要素的国际流动,以及市场化所形成的人们思想的独立性、选择性、多变性与差异性的扩张都在这一广阔空间融汇发酵,从而使得互联网迅速成为思想文化信息的集散地和社会舆论的放大器。网络在人类历史上第一次赋予了人们话语表达的平等形式,因而激发了民众利益表达意识的觉醒与权利意志的允分释放,网络在一定程度上已经成为社会的一个重要精神空间,多元的价值观,以及各种各样的感性的社会态度、情绪在这里直观呈现,这深刻改变了舆论引导的外部环境。在此背景下,舆论引导的重心开始向以网络舆论为主体的民间舆论场转移,舆论引导能力的提升也需要在官方舆论场与民间舆论场的良性互动过程中得以实现。反之,如果官方舆论场与民间舆论场不能良性互动,就会产生官方主流舆论与民间舆论的相互否定和相互排斥,这种国家与社会的舆论不协调意味着主流意识形态实现社会融入遇到障碍,主流意识形态在社会思想文化领域的价值整合功能不强,舆论引导能力自然也就无从谈起了。因此实现官方与民间两个舆论场的良性互动对于提升社会主义核心价值体系的舆论引导能力具有重要意义。

官方舆论场与民间舆论场的良性互动的基本目标在于促进官方主流舆论与民间舆论的和谐共振,从而为增强社会主义核心价值体系的社会认同提供舆论共识。这种互动既体现在自上而下的官方舆论对于民间舆论的规范与引导,也表现在自下而上的民间舆论对于官方舆论的影响,具体来说,官方舆论场与民间舆论场的良性互动主要体现在以下四个方面:

第一,官方舆论场要能够对民间舆论场所关注的社会热点,以及民意诉求形成有效、及时的呼应,避免缺场和失语。网络新媒体的快速发展为民间舆论场的勃兴提供了充分的公共平台与话语空间,借助新媒体,普通民众拥有了更多参与塑造舆论的话语权,这深刻改变了传统媒体环境下权力控制与精英主导的舆论生产格局。一旦普通民众能够参与舆论的生产与传播,他们就必然会把日常生活实践中产生的大量需求充实于舆论生产、传播过程,因而使得民间舆论场充满了对政府的各种要求、意见,以及批评的情绪。这形成了民间舆论场与官方舆论场截然不同的主基调:一边是批评和质疑,一边是正面宣传与肯定。在此背景下,若想实现两个舆论场的良性互动,政府要采取主动,官方舆论场要回应民间舆论场的关切,反映民间的呼声,提高舆论引导的针对性和有效性,而不是要求、等待民间舆论场与自己保持一致。[1] 需要深刻认识到,网络新媒体是高度嵌入人们的日常生活过程中,网络舆论所反映的是人们的经验性共识,充斥其中的喜怒哀乐具有高度的同质

---

[1]　王首程:"官方舆论大 V 如何炼成?──两个舆论场如何互动",《人民论坛》,2013 年第 26 期。

性、普遍性，人们很容易在共同体认基础上形成情感共鸣。因此网络舆论传播效果，以及舆论的影响力、渗透力是传统媒体和官方舆论场所不易比拟的。当然，近些年"走转改"活动、增强"四力"已经大大提高了主流媒体、官方舆论场的亲和力、融入力。官方舆论对于民间舆论场所折射的社会情绪要保持高度敏感，对于网络舆论所集中关注的社会热点，以及民众的真实诉求要给予及时呼应，在主流媒体的舆论塑造过程中，要坚持党性与人民性的统一，既要站稳立场，把党和政府的声音完整、准确地传递出去，也要充分关照普通民众的诉求与关切，更好体现人民群众的意志。只有如此才能让民众形成对主流媒体和官方舆论场的认同感与归宿感。

第二，通过创立政府网站、政务微博等形式为实现两个舆论场的良性互动搭建制度平台，从而有利于塑造官方舆论的权威性与公信力。长期以来，主流媒体更侧重于正面宣传，某些人对于主流媒体所传递出来的舆论信息持一种排斥与怀疑的态度。因此借助现代网络技术，通过创立政府网站、政务微博等形式，直面存在的问题，积极回应社会关切，从而奠定舆论场互动的基础。

第三，官方舆论场能够对民间舆论场的负效应进行有效矫正，根本扭转长期以来网络舆论负面、偏激的价值走向。互联网技术的发展一方面为民众提供了表达意见与诉求的新渠道，但另一方面网络也为社会不满情绪的非理性释放提供了空间，网络舆论的负效应开始凸显。这种网络舆论的负效应一方面表现在负面新闻连篇累牍，灾难、事故、贪腐、丑闻似乎铺天盖地，所谓内幕、揭秘、潜规则层出不穷，谣言、暴力、色情信息屡禁不绝，曝隐私、秀下限、搏出位大行其道，各种丑恶和黑暗被无限放大。另一方面表现在不良情绪的四处蔓延，阴暗心理、悲观情绪、网络戾气在网上滋长蔓延、交叉传染,消解社会正气。① 因此实现两个舆论场的良性互动就必须发挥出官方舆论场对于民间舆论场的矫正功能,加强网络社会管理,健全网络管理的法律法规,去除网络舆论的偏激与非理性,实现网络舆论在传递社情民意方面的建设性功能。

第四,官方舆论场与民间舆论场的良性互动还表现在主流媒体与网络新媒体的技术融合上,主流媒体要适应网络时代信息传播革命的现实,积极融入网络,构建多元化的主流舆论传播平台。在网络时代背景下,报纸、广播、电视等传统大众传播媒体的舆论影响力在网络新媒体的冲击下严重弱化了,因此主流媒体需要融入网络,从而拓展舆论传播新渠道,构建舆论引导新高地。在依托纸质媒体的基础上,通过创办网站、手机报、数字报等新的新闻发布平台,形成多媒体集成、多终端推出的大媒体战略。党的新闻媒体运用报网互融的大媒体战略,延伸发展新媒体,并以社会主义核心价值观统领网络新型阵地的舆论传播,更为坚实地掌握好网上舆论新阵地,有利于在全社会确立主导的价值准则、价值规范和价值标准,形成受众群体的思想认同和共识。② 党的十八届三中全会提出"整合新闻媒体资源,推动传统媒体和新兴媒体融合发展","重视新型媒介运用和管理",这标志着中央高度重视新兴媒体建设对于传播社会主义核心价值体系、实现有效舆论引导的价值与作用。通过主流媒体与网络新媒体的技术融合,必将为官方与民间两个舆论场的良性互动提供良好平台。

---

① 石平:"警惕网络负能量",《求是》,2013 年第 12 期。
② 汪幼海:"论坚持舆论阵地的社会主义核心价值体系导向",《毛泽东邓小平理论研究》,2010年第 7 期。

（三）实现社会主义核心价值体系融入、渗透的舆论引导策略

1.坚持舆论引导的情感共鸣策略

共鸣策略强调的是将媒体的话语与受众所珍视的价值联系起来，引起受众的共鸣，从而使受众获得更大程度的满足。① 实现社会主义核心价值体系的社会融入与渗透是以民众产生情感共鸣为逻辑起点，这在价值多元化的文化生态条件下尤其明显。社会主义核心价值体系的社会融入在本质上体现为充分的社会认同，一种思想价值体系实现社会认同的过程必然要经历多样化价值观的争鸣与碰撞，而在多元价值观的交流与碰撞中，只有找到价值判断的"最大公约数"，才可能产生情感共鸣的效果。显然，情感共鸣的产生标志着社会主义核心价值体系在社会感性层面获得了初步接纳与认可，这为实现社会主义核心价值体系在社会心理深层的理性认同奠定了良好基础。

情感共鸣是一种感性体验，是日常生活实践的升华与结晶。因此社会主义核心价值体系作为一种理论的体系建构，如果要产生情感共鸣，就必须从理性的"宏大叙事"转化为感性的"生活叙事"，积极融入社会的日常生活实践，让社会主义核心价值体系与民众的日常生活对接，成为民众日常生活的价值理念和基本规范。为此，一方面要实现社会主义核心价值体系的日常生活化，让普通民众在生活实践中感受到核心价值体系落地生根的土壤，并通过社会主义核心价值体系模范践行者的榜样力量和价值示范作用不断强化民众的这种感受；另一方面要创新社会主义核心价值体系的话语表达方式。美国学者曼纽尔·卡斯特在其信息时代三部曲

---

① 喻国明："从'引起共鸣'做起：对外传播的价值逻辑"，《新闻与写作》，2012 年第 10 期。

的第一卷《网络社会的崛起》一书中提出,以数字化电子产品生产、分配与交换信号为基础的整合沟通系统,对社会形式与过程产生重大后果。这种情况大幅度削弱了传统上外在于该系统的发送者的象征权力,这些发送者以含有历史性编码的社会习惯来传输如宗教、道德、权威、传统价值,以及政治意识形态。这种削弱不是指他们会消失,而是指除非他们在新系统中为自己重新编码,否则就会日渐没落。① 因此要擅长将抽象的理论转化为普通民众喜闻乐见的通俗话语、网言网语,贴近普通民众的内心与情感,使之易于接受。

在网络时代条件下,实现社会主义核心价值体系的情感共鸣机遇和挑战并存。一方面,网络为社会主义核心价值体系的宣传,以及展示实践领域的进展提供了便捷通道,从而有利于情感共鸣的产生。另一方面,在政治信任弱化、社会心态的非理性,以及负面网络舆论上升的背景下,社会主义核心价值体系在网络世界实现情感共鸣还面临诸多挑战。因此主流媒体在舆论引导中要积极融入网络,在唱响主旋律的同时,也直面现实中存在的问题,以坦诚的姿态和宽容的精神进行平等对话,在多元价值观的碰撞中善于解疑释惑、以理服人,以此获得社会理解和民众的情感共鸣,从而为社会主义核心价值体系融入社会创造社会心理条件。在开放的网络时代条件下,主流媒体的舆论引导需要化"堵"为"疏",在潜移默化中实现舆论引导的目标。

---

① ［美］曼纽尔·卡斯特著,夏铸九译:《网络社会的崛起》,社会科学文献出版社,2006 年第 3版,第 352～353 页。

2. 坚持舆论引导的分类推进策略

分类推进的舆论引导策略强调的是根据不同类型的舆论引导对象采取针对性的舆论引导办法，以实现最佳舆论引导效果和塑造价值观的目标。在当前我国社会领域利益分化，以及人们思想的独立性、选择性、多变性、差异性增强的背景下，坚持分类推进的舆论引导策略，对于实现社会主义核心价值体系的社会融入与渗透是极其重要的。这表现在以下两个方面：

其一，市场经济的深入推进所形成的多样化的利益主体具有不同的价值诉求，这种千差万别的价值诉求会外化成各种各样的社会思潮并在社会思想领域产生影响。用社会主义核心价值体系去引领多样化的社会思潮，就必须坚持分类推进的舆论引导策略，针对不同社会思潮采取针对性办法才有可能取得实效。对于有些社会思潮需要采取揭露与批判的办法引导舆论，比如对于新自由主义、历史虚无主义等社会思潮，就需要深刻剖析其理论本质，阐明其制度实践的后果与危害，只有通过彻底的学术批判和舆论斗争才能以正视听，扭转舆论导向。对于一些带有一定的理论迷惑性或者部分合理性的社会思潮，则需要更为细致的条分缕析，以阐明其与社会主义核心价值体系的区别与联系。比如民主社会主义思潮，虽然属于社会主义流派之一，与马克思主义有一定的渊源，同时在其价值体系中存在着一定的合理性成分，因此颇具迷惑性，但它与科学社会主义存在着本质的区别。对于这类社会思潮如果简单采取否定与批判的办法显然不能达到舆论引导的目标，还需要做好学术鉴别与学理剖析的工作。为此就需要持续推进马克思主义学术研究，为社会主义核心价值体系有效引导社会思潮提供充分的学理支撑。

其二,在网络时代条件下,信息传播的碎片化与分众化趋势越发明显,一方面,信息传播的碎片化意味着网络世界的众声喧嚣、泥沙俱下,各种偏激的、情绪化的非理性观点与主张塑造着当下的网络舆论生态,并对现实社会的舆论形成与走向产生深刻影响。在负面舆论和非理性社会心态的综合发酵之下,人们很容易把现实生活中的某些不满上升为对主流意识形态的整体排斥,从而使社会主义核心价值体系的社会融入失去必要的社会心理依托。因此在碎片化的网络信息传播面前,舆论引导在策略上必须深入解剖负面舆论的内容结构,理清其形成、发展的内在逻辑,变碎片化为条理化,根据不同类型的负面舆论采取相应对策,才可能取得实效。另一方面,信息传播的分众化意味着人们对于网络信息的选择性在增强,不同的人基于不同的知识基础和价值观,以及不同的个人经历与兴趣,会在海量的网络信息中选择自己认为重要的、有意义的信息。在此背景下,舆论引导的有效实现就必须照顾到不同人群的信息偏好,适应信息传播分众化的现实。因此实现有效的舆论引导就必须创新社会主义核心价值体系的话语表达形式,创造与网络时代相适应的多样化的社会主义核心价值体系传播载体,增强其吸引力和感染力。

3.坚持舆论引导的综合治理策略

社会主义核心价值体系作为我国的主流意识形态,体现了中国特色社会主义制度体系的内在合理性及其核心价值指向,舆论引导就是要让社会主义核心价值体系深入人心,使之成为党团结带领人民进行社会主义现代化建设的精神纽带。在此意义上,舆论引导在形式上所实现的是人们对于社会主义核心价值体系的理论认同,而实质上则是实现人们对于中国特色社会主义的制度认同、道路认同、文化认同。理论的生命力根本上在于其制度实践能力，人们对于社会主义核心价值体系的信赖与认同就来自于对政治实践过程中所形成的制度优越性的观察与体会。就此而言，舆论引导在根本上并非只是一个单纯的理论宣教过程，而是伴随着制度实践的能动诠释。此外，作为一种塑造价值认同的实践过程，舆论引导还会涉及社会心态与政治心理等诸多社会文化环境要素。因此舆论引导目标的彻底实现，就需要坚持一种综合治理策略，这具体表现在以下三个方面：

其一，在全面深化改革中奠定舆论引导的制度实践基础。改革是社会主义制度的自我完善与发展，通过全面深化改革以去除中国特色社会主义在形成、发展过程中累积的制度性弊病，必然有利于中国特色社会主义在历史行进中更充分地展示其优越性与生命力。当前我国已进入改革攻坚期和深水区，还面临着进一步深化改革的艰巨任务：如何通过正确处理政府与市场的关系进一步推进经济体制改革，如何在党的领导、人民当家作主和依法治国的统一中加快推进政治体制改革，如何通过保障和改善民生、促进社会公平正义来深化社会体制改革等。这意味着我们国家在制度建构及其运行层面还存在着诸多不完善，从而制约了社会主义核心价值体系在政治实践层面展示其优越性与吸引力。在此背景下，党的十八届三中全会已经做出了全面深化改革的战略部署，党的十九届四中全会也做出了坚持和完善中国特色社会主义制度推进国家治理体系和治理能力现代化的决定。随着经济、政治、文化、社会、生态和党的建设等各方面改革的深入推进，中国特色社会主义制度会趋于更加完善，国家治理体系和治理能力也会逐渐实现现代化，在此过程中，社会主义核心价值体系就会因其有效的制度行动能力而获得越来越广泛的认同,从而为舆论引导奠定良好基础。

其二,在回应民众关切中培育政治信任,从而奠定舆论引导的政治心理基础。政治信任属于系统信任的范畴,表现为民众对于整个政治体系的信任,涵盖了人格信任、制度信任和政治价值信任等多维结构。在中国语境下,政治信任本质上反映了民众对党和政府的信赖状态。作为一种社会政治心理,政治信任总是呈现出一种隐性的存在,却能对舆论走向发挥强有力的影响。充分的政治信任意味着民众具有较高的政治满意度,对于政府的决策及其价值理念会持一种认可和肯定的态度,因而会有利于形成积极向上的舆论氛围,这对于实现有效的舆论引导来说是至关重要的。政治信任的匮乏往往意味着民众对于政府信赖的弱化,对于政府的决策及其价值理念持排斥和怀疑的态度,因而会形成一种具有某种逆反性的消极舆论氛围,不利于舆论引导目标的实现。改革开放以来,我国政治信任的构建经历着深刻转变,单纯依靠革命战争年代所积累的政治权威,以及理想主义的意识形态灌输来凝聚人心,这在市场经济条件下已经不足以构成培育政治信任的基础。新的时代条件下,国家需要通过有效的制度行动能力来回应社会关切、满足民众的利益诉求,以此不断培育政治信任,从而为舆论引导奠定良好的政治心理基础。

其三,培育理性社会心态,优化舆论引导的社会文化环境。舆论引导是在特定的社会文化环境中进行的,并受到特定文化环境的制约与影响。社会心态是社会文化环境的重要因素,反映了一种普遍性的社会心理倾向。一个社会的普遍心态,是整个社会和个体多重复杂因素的综合反映,是一个社会和时代文化特征的折射。社会心态孕育于特定社会文化环境,同时又能动地对社会文化环境施加强有力的影响。由于社会心态意味着民众形成了对社会现象与问题的一种普遍性的认知、态度和价值取向,因此深刻构筑了舆论引导的社会精神基础。积极、理性的社会心态有利于舆论引导的顺利进行,消极、非理性的社会心态则会弱化,甚至消解舆论引导的积极效果。改革开放以来,伴随着剧烈的经济社会转型,人们的社会心态也经历着复杂的调整,面对市场环境下竞争的激烈、收入分配差距的扩大,以及各种社会政治问题的出现,非理性的社会心态开始出现,偏激、负面和情绪化是其主要特征。随着网络时代的到来,这种非理性的社会心态借助便捷的传播渠道呈现出扩大与蔓延之势,这对于舆论引导来说构成了严重挑战。因此必须注意培育理性社会心态,优化舆论引导的社会文化环境,以此作为实现社会主义核心价值体系融入社会的基本策略。

▶第七章
社会主义核心价值体系引领社会思潮的制度与机制保障

从制度的形成看,任何具体的社会制度都与同时期的社会价值观有一定的联系,任何价值观的生成都在一定程度上依赖于具体的社会制度,二者具有相辅相成、互为依托的关系。"制度价值之间的复杂关系体现于现实的制度对权利义务的分配之中,并对现实的人与社会的发展产生深刻的作用和影响。"①人类在探求适合本民族的具体社会制度的历史进程中,都体现出对秩序、自由、平等、公正等基本价值的诉求。几乎所有的制度都包含着特定的价值观念。"制度以制度形态、制度资源与制度资本的现实性,构成与社会发展及其与和谐社会建设的关系。"②制度可以成为旧价值的颠覆力量,也可以成为新价值得以构建的保证。从制度伦理学的角度看,任何制度都与一定时期的道德观念相联系,符合社会制度的主流价值观念或核心价值观就成为引领时代风尚和指导个体行为的指针。中国特色社会主义制度从其确立之始,就确立了保障广大人民利益、为人民服务的价值指向和人民民主的价值本质。社会主义核心价值体系正是在我国改革开放的关键时期为巩

---

① 施惠玲:《制度伦理研究论纲》,北京师范大学出版社,2003 年,第 150 页。
② 徐惟诚、张博颖:《和谐社会与社会公正问题研究》,人民出版社,2014 年,第 359 页。

固全党全国人民团结奋斗的共同思想基础而提出的价值体系,它既是中国特色社会主义内在的价值追求,又是社会主义制度价值指向的概括和凝练。正是中国特色社会主义制度所包含的明确的价值观,才使其具备了引领社会思潮的基础和可能。

中国特色社会主义制度能够为社会主义核心价值体系引领社会思潮提供重要的支撑和保障作用。改革开放以来我国取得的巨大成就不断彰显了中国特色社会主义制度的优越性,中国特色社会主义现代化建设的成就表明中国特色社会主义制度确实适合中国国情,必然能够引领和保证中华民族实现富强、民主、文明、和谐、美丽的目标。由伟大实践成就建立起的制度自信是保证各项事业取得成功的关键。如果没有改革开放的伟大成就和人民生活水平的不断提高,任何所谓的自信都是苍白无力的,更谈不上以社会主义核心价值体系引领社会思潮。

社会主义核心价值体系的提出表明了中国共产党对社会主义认识的进一步深化,也为坚定中国特色社会主义制度自信提供了价值支持。尽管社会主义理论和制度已诞生多年,但在世界社会主义实践中把对社会主义的认识推及到价值层面的尝试还属开端。"社会主义实践中也曾经长期存在着把社会主义实证化,社会主义价值被悬设乃至物化和被淹没的倾向。"①如果作为社会制度的社会主义对自身的价值指向模糊不清,在实践中就有可能迷失方向。苏联解体和苏共垮台前,苏共领导人对科学社会主义和民主社会主义缺乏清醒的认识,致使改革方向出现了严重偏差,其教训是惨痛的。从表面来看,是苏联的反社会主义者颠覆了苏联共

---

① 吴向东:《重构现代性:当代社会主义价值观研究》,北京师范大学出版社,2006 年,第 7 页。

产党的执政地位,但从深层来看,是苏联共产党推行的民主化改革丧失了民主的底线,颠覆了传统社会主义的价值观,而苏联共产党的经济改革既没能使人民生活水平得到明显改善,又无法提供新的社会主义价值观。价值观的崩塌导致了意识形态领域的混乱,失去了明确价值指向的社会制度丧失了对人民的吸引力和凝聚力。到1990年7月苏共第二十八次代表大会时,苏联出现了"把摆脱目前复杂的状况同走资本主义道路联系在一起的势力……各种具有破坏性的、极端主义的势力相互勾结这样一种特殊现象"①。各种舆论工具无限放大苏联共产党执政以后的失误和错误,当苏共中央意识到问题的严重性开始采取新的改革举措时,为时已晚,苏联解体和苏共垮台的命运已经无法挽回。

从20世纪80年代初期邓小平思考"什么是社会主义"开始,中国共产党对社会主义的探索便取得了实践和理论双重成果。党在反思我国社会主义实践中的教训时,开启了改革开放新的伟大实践,在实践探索中不断突破对社会主义的教条认识,取得了一系列重大理论成果,党的十六届六中全会对社会主义核心价值体系进行了科学的界定和全面阐释,明确了社会主义核心价值体系的基本内容、重要地位和作用、基本原则以及建设社会主义核心价值体系的具体策略,开启了我们党对社会主义核心价值体系自觉构建和全面普及的新时期。党的十八大再次强调"要深入开展社会主义核心价值体系学习教育,用社会主义核心价值体系引领社会思潮、凝聚社会共识"②。作为兴国之魂的社会主义核心价值体系

---

① 《苏联共产党第二十八次代表大会主要文件汇编》,人民出版社,1991年,第6页。
② 胡锦涛:《坚定不移沿着中国特色社会主义道路前进　为全面建成小康社会而奋斗——在中国共产党第十八次全国代表大会上的报告》,人民出版社,2012年,第31页。

决定着中国特色社会主义的发展方向,是衡量中国发展是否保证社会主义方向的价值标准。社会主义核心价值体系为引领各种社会思潮、凝聚社会力量提供了理论前提。社会主义核心价值体系的确立使得社会主义有了确定的价值指向,同时随着我国社会主义市场经济和对外开放的不断深入,以及对外交流范围的扩大、信息传播媒介的多元化、不同层次的社会群体的文化需求多元化是各种社会思潮得以传播的社会基础和必然结果,多元思潮将长期存在的这一事实是不可否定的。探索如何以社会主义核心价值体系引领各种社会思潮是使社会主义制度在思想文化上占据优势地位的基础,具有紧迫性和现实意义。

用社会主义核心价值体系引领社会思潮,首先要充分发挥我国社会主义的制度优势。充分利用生长于中国土壤中的中国特色社会主义经济制度、政治制度、文化制度等引领各种社会思潮;充分利用中国共产党拥有的意识形态资源和各类信息传播工具,在全党和全社会大力弘扬社会主义核心价值体系,并通过制度约束倡导全体党员践行社会主义核心价值观,自觉抵御和引领各种社会思潮。同时在全面深化改革的过程中,要自觉把社会主义核心价值观的各项价值内化于各项新制度和新法规等,使中国特色社会主义建设各项实践更好彰显社会主义核心价值观,努力实现社会主义核心价值体系和中国特色社会主义制度完善的良性互动,用伟大实践支持社会主义核心价值体系对各种社会思潮的引领,避免引领成为纸上谈兵,只有如此,才能使社会主义核心价值体系引领各种社会思潮真正落在实处。一方面制度可以运用自身规制的力量和掌控的资源保证社会主义核心价值体系引领社会思潮;另一方面由于制度本身蕴含的价值在实践中的实现又可以使社会主义核心价值体系更有说服力和引领的资格。二者的互动能够更进一步保障社会主义核心价值体系对社会思潮的引领。

以社会主义核心价值体系引领社会思潮需要解决两个深层问题。一是解决"为什么引领"和"能否引领""如何引领"的问题。如果讲不清为什么要用社会主义核心价值体系引领各种社会思潮,就会让人产生疑问,因为文化创新本来就需要各种观念的碰撞和交流;二是实现社会主义核心价值体系与主要社会思潮的深层对话,寻找社会主义与主要社会思潮之间的价值共同点和差异点,不能仅停留在对各种社会思潮的简单否定和说教式的批判上。马克思、恩格斯在创立科学社会主义时批判地吸收了大量资产阶级思想家如黑格尔、亚当·斯密等人的思想理论,辩证剖析、吸纳各种学派和思想观点中合理、优秀的内容是马克思主义重要的方法,当然,这是以辩证唯物主义和历史唯物主义为基础的。

一、制度保障社会主义核心价值体系引领社会思潮的可能性

探讨以制度保障社会主义核心价值体系引领社会思潮,首先应解决其可能性问题,即制度何以能够保障、又如何保障社会主义核心价值体系引领社会思潮。

（一）从制度的起源和构成看,制度具有保障社会主义核心价值体系引领社会思潮的可能性

首先,从制度的起源看,制度是人类在改造自然的实践和结成社会的漫长的历史过程中形成的。从广义上讲,制度可以划分为正式制度和非正式制度,正式制度系指具体的国家政治制度、经济

制度、政党制度、司法制度及微观的管理制度,如社会保障制度、收入分配制度、公共行政制度等;非正式制度主要是指那些在历史和文化进化过程中长期形成的对人类行为具有约束或激励作用的道德律令、行为规范、传统习俗等具有制度功能的文化。

其次,从整个社会的制度构成看,制度是一个有机的复杂系统,它不仅仅是一些规则的简单集成与组合,而且蕴含着明确的价值原则。制度是由规则、对象、理念、载体四大要素组成的有机系统。规则是制度的具体内容,是制度的外在显现,它明确规定每一社会成员或社会组织可以做什么、不能做什么,规制和指引社会个体和社会组织行为的努力方向,朝着有利于社会和谐稳定的方向发展。制度中的对象是指某一具体制度所涉及的行动范围和具体的群体,如政治制度的对象是政治领域各类行为主体,以及各种政治关系的具体机构等。理念是制度规则所体现出来的价值判断与目标定位,是制度之魂,不同理念指引下的制度就会表现出不同的特征,因而理念决定制度的性质。载体是制度的具体化,不同层级和不同领域的制度需要运用相应的载体使制度明晰和具体,从而具有可操作性和可行性,如国家层面的正式制度中首先以具有明确内容和具体条款的法律为载体,制度就体现为法律;又如非正式制度中主要以具有一定行为约束功能的习俗或传统为载体,制度就体现为习俗和传统。

最后,从改革开放以来党和国家的主要文献来看,我们所理解的制度是广义的制度,不仅是指国家的政治制度、经济制度、政党制度,还包括政治体制、经济体制、政府管理体制、教育体制、科研体制等,以及具体的管理规章制度和监督制度、领导制度、管理制度等。

从上述制度的起源和构成来看,价值主要蕴含于制度理念中,由理念指引具体的规则和载体。如果在完善中国特色社会主义制度的历程中能够把社会主义核心价值观贯穿其全过程,那么中国特色社会主义制度彰显的优越性就会占据绝对的比较优势,就会使其他各类社会思潮的吸引力大幅度降低,社会主义核心价值体系就自然会占据引领各类社会思潮的地位。

一个社会的价值观不仅支撑着它的政治制度、经济制度和文化制度、社会管理制度、生态文明制度等,而且也是这个社会各项制度的价值追求。党的十八大明确指出,中国特色社会主义制度,就是人民代表大会制度的根本政治制度,中国共产党领导的多党合作和政治协商制度、民族区域自治制度以及基层群众自治制度等基本政治制度,中国特色社会主义法律体系,公有制为主体、多种所有制经济共同发展的基本经济制度,以及建立在这些制度基础上的经济体制、政治体制、文化体制、社会体制等各项具体制度。社会主义核心价值体系既是中国特色社会主义制度建立的价值基础,又是中国特色社会主义制度的价值追求,如果我们的各项制度及其体制都能切实体现和充分践行社会主义核心价值观,那么我们整个社会就会形成和谐、稳定、积极、进取的良好社会风尚。

(二)从制度的特征和功能看,制度具有保障社会主义核心价值体系引领社会思潮的基础

制度是人类社会存在和发展的条件,人类在漫长社会演变中形成的制度规范塑造着人的行为走向、社会关系,以及人的个性,由此构成人类个体和组织发展的具体行动框架。制度以其具体的行为规范影响和制约人的具体行为,为人的活动提供了规则、标准和依据,并将人的活动导入可合理预期的轨道,为人们提供从事合

理活动的安全空间,以避免行为冲突。具体的制度可以明白地告诉人们可以做什么,也能够告诉人们不能做什么,明确做什么就必然受到惩罚。从人类制度变迁的历史看,制度在促进社会稳定、规范个体行为、防止暴力冲突等方面具有不可或缺和不可替代的功能。在不同的社会形态中,制度有着不同的表现形式和作用范围,完备的社会制度具有重要的整合功能。制度的这种整合功能表现在它能够容纳各种社会群体表达自身的利益诉求、各种文化观念的相互碰撞,并随着社会的变迁不断实现制度变迁,这是它有可能引领社会思潮的本质所在。如果某种制度缺少了整合功能,那么它必然就无法实现对各类社会思潮的引领。

现阶段我国正处于全面深化改革的关键时期,中国共产党应充分发挥作为制度供给主体的作用,通过及时制定具体的制度、规则或规章,保证社会主义核心价值体系主导人们日常生活和行为,保证制度作用的对象能够自觉践行社会主义核心价值观。在新的制度设计上充分体现社会主义核心价值体系,通过具体的法律、法规和规章规范社会个体的行为,朝着社会主义核心价值观所指引的方向努力,这就会逐步在全国形成弘扬和践行社会主义核心价值观的气氛,不断使社会主义核心价值观内化为我国各族人民的行为规范,真正使社会主义核心价值观内化于心、外化于行,进而使任何危害社会主义制度的思潮不攻自破,在中国失去生长的土壤。因此制度的作用一方面是执政党运用制度资源自觉抵制各种侵蚀社会主义的社会思潮,另一方面在未来的制度完善过程中,让每一项新的制度都要充分体现社会主义核心价值观,由此形成的正能量就能够应对其他不良社会思潮。

（三）制度可以通过大力弘扬文明行为和强行制止违背道德的行为，为广大人民群众传递正能量，潜移默化地影响人的行为，改变人们的行为偏好，影响人们的行为选择，促进个人行为习惯朝着正确的方向发展

新制度经济学的代表道格拉思·诺思认为"制度是一系列被制定出来的规则、守法程序和行为的道德伦理规范，它旨在约束追求主体福利或效用最大化利益的个人行为"[①]。经济制度、政治制度和文化制度等都规定着人们的政治权利和社会权利，如生存权、发展权、选举权、监督权等。作为意识形态的制度又是在一定的思想体系指导下建立起来的，它本身蕴含着一定的文化价值体系，是一定的价值观念、伦理精神、道德标准的具体化，制度自身内蕴的文化价值体系会逐步内化为个人的道德原则，制度本身的价值能够潜移默化地使大众接受。政治制度、文化制度等都蕴含着一定的价值。制度设计如果缺少了价值预设就无法为人们所充分接受，也无法充分发挥其价值作用，得不到大多数人认同的制度自然也就无法长久存在。正是制度本身蕴含着一定的价值，它才有可能引领社会思潮。蕴含着自由、民主、公平、正义等相关价值的制度就能够为引领各种社会思潮助力和提供保障。

制度既是在一定价值观指导下而形成的，同时既成的社会也会规约、引导社会民众产生某种价值观念。制度设计的价值预设必须以人的全面发展为前提，以自由、平等、公正、法治、爱国、诚信等基本价值为理念，这样的制度才有利于社会稳定和社会道德水

---

① ［美］道格拉思·C.诺思著，陈郁、罗华平等译：《经济史中的结构与变迁》，上海三联书店、上海人民出版社，1994 年，第 225～226 页。

平的不断提升,有利于整个社会沿着良性轨道发展。中国特色社会主义制度与社会主义核心价值体系是内在一致的,正是这种内在统一性决定了中国特色社会主义制度能够为社会主义核心价值体系引领社会思潮起到保驾护航的作用。"从制度设计、制度安排、制度运行上自觉推行、维护社会主义核心价值体系,增强其支配力、掌控力,使社会主义核心价值体系成为政策、制度、体制运作的轴心。"[1]通过一系列教育制度安排,把社会主义核心价值体系融入未成年人的思想道德建设和大学生的思想政治教育中,使得社会主义核心价值体系在中国人的价值观中占据主体地位。通过对社会思潮传播载体的规范和管理,通过市民公约、乡规民约和职业规范等具体行为准则的建设完善,使社会主义核心价值体系全方位地影响人们的社会心理、道德情操和思想观念,内化为大多数人的基本价值观念,就会潜移默化地实现引领的目标。

(四)防止制度扭曲、制度缺失或制度错位引发人们对社会主义核心价值体系的怀疑或排斥

中国共产党提出并倡导的社会主义核心价值体系首先要求每一位共产党员和领导干部要率先垂范,由此带动全社会形成自觉践行社会主义核心价值观的强大力量。随着中国特色社会主义制度的优势不断展现,广大人民群众的切身利益不断得到实现和提高,那么任何其他社会思潮都会显得苍白无力。必须加大制度创新力度,通过制度改革和完善,真正让每一位国民享受到改革开放的成果,逐步缩小收入差距和贫富差距,让全国人民都能融入富

---

[1] 李爱莉:"积极探索以社会主义核心价值体系引领社会思潮的有效途径",《军队政工理论研究》,2008 年第 2 期。

强、民主、文明、和谐的社会氛围中,感受到自由、平等、公正、法治的时代气息,自觉实践爱国、敬业、诚信、友善的价值理念,在全社会形成国泰民安、风清气正的和谐社会环境。"制度创新既受条件的制约,又体现主体性和人对自己命运的把握,人在反复博弈中建构起来的制度,凝结着人关于人与人关系的智慧,昭示着文明发展的趋向,人类若想走向全面发展的自由人联合体,不能不诉求于制度的不断发展和完善。"①增强全体人民对社会主义核心价值体系和价值观的认同,并自觉以此为指导,社会主义核心价值体系和价值观就会真正成为社会的主流。

完善中国特色社会主义制度需要弘扬和践行社会主义核心价值观。党的十八大报告明确指出,中国特色社会主义道路是实现途径,中国特色社会主义理论体系是行动指南,中国特色社会主义制度是根本保障。可见制度的作用和地位是非常重要的,中国特色社会主义制度的保障作用需要体现在具体的制度改革和实践中。比如分配制度的改革要更加体现公平、正义,努力消除两极分化。政治体制改革更加体现民主、公正、法治等基本价值。文化建设,特别是文化体制改革必须弘扬先进文化、向社会释放正能量,运用各种传播渠道大力弘扬爱岗敬业、尚贤敬老的道德模范,以中国特色社会主义的建设成就和人民生活的不断改善来坚定广大人民群众对中国特色社会主义制度自信,凸显社会主义核心价值观的现实魅力;以事实为依据,不断推进马克思主义大众化,增强广大人民群众对马克思主义的信仰,构筑自觉应对各种思潮侵袭的坚强堡垒。

① 鲁鹏:《制度与发展关系研究》,人民出版社,2002年,第14页。

二、中国特色社会主义经济制度引领社会思潮的作用

中国特色社会主义经济制度是体现公平、正义和社会主义核心价值体系能够引领社会思潮的首要基础。经济制度是保障公平、正义的首要因素,这也是社会主义制度优越于资本主义制度的具体体现。党的十九届四中全会明确指出"公有制为主体、多种所有制经济共同发展,按劳分配为主体、多种分配方式并存,社会主义市场经济体制等社会主义的基本经济制度",是中国特色社会主义制度的重要支柱。公有制是社会主义制度的本质体现,是保证人民利益和走向共同富裕的基础,要充分保证社会公平、正义,必须发挥好公有制经济的作用,必须毫不动摇巩固和发展公有制经济,坚持公有制主体地位,不断提高公有制经济的效益和社会责任。

以按劳分配为主体、多种分配方式并存是防止两极分化、促进共同富裕的制度基础。发挥国有经济在分配正义和平等劳动关系建构中的主导和引领作用,使国有企业成为消除私有制企业中的雇佣与被雇佣关系的推动力量。公有制企业所体现的公平、正义是社会主义核心价值观的坚实基础,没有一个坚强的经济基础作后盾的价值观,是难以服人,更难以让人自觉践行。如果公有制企业在收入分配、劳动关系方面不能做到公平、正义,那么如何体现社会主义公平、正义呢?党和国家规定国有企业的主要职责和国有资本的主要走向,"国有资本加大对公益性企业的投入,在提供公共服务方面作出更大贡献"。国有企业因其占有大量公共资源和行业优势,所以必须承担应有的社会责任,并因此来引领社会公

平、正义。

改革开放以来，通过经济体制的率先改革，突破计划经济体制，逐步建立起社会主义市场经济体制，极大地调动了广大人民群众的生产积极性和主动性，为促进生产力的发展提供了强大的动力。在农村改革迅速解决温饱问题后，城市改革也取得了巨大成就，仅短短数十年的时间，中国就跃入世界经济大国，中国特色社会主义经济制度表现出发展生产力的强大促进作用，为实现富强、民主、文明、和谐的价值目标提供了可靠保证。中国特色社会主义取得的巨大成就彰显了中国特色社会主义制度的优越性，提升了中国特色社会主义的制度自信，这正是应对各种社会思潮的冲击、实现对社会思潮引领的最有力保证。

但是改革开放以来出现的贫富差距、分配不公等问题也依然是完善中国特色社会主义制度需要解决的重大问题。社会主义核心价值体系不仅是指导党和全国人民的价值规则和价值体系，也是推进改革和完善中国特色社会主义制度的价值目标和指导原则。中国特色社会主义经济体制改革既要明确富强的价值目标，又要进一步实现平等、公正，要把这些价值原则贯穿于经济体制改革的全过程，逐步实现分配公平、机会公平，进一步通过经济体制改革增强活力和动力。党的十八届三中全会确立、十九届四中全会继续强调的"充分发挥市场在资源配置中起决定性作用、更好发挥政府作用"，更加需要用法治保证市场的公平和公正。必须建立健全以公正为原则的产权保护制度、以保护平等交换和公平竞争为目的的社会主义市场经济法律制度。

实现经济体制改革与社会主义核心价值体系的良性互动，使得社会主义市场经济体制更加公平、公正。社会主义核心价值体系是社会主义制度的内在精神和生命之魂,它决定着社会主义的发展方向、制度变革的价值取向、财富分配的政策导向。真正使制度建设对社会主义核心价值体系引领社会思潮起到支持和保障作用,必须把自由、平等、公正、法治这些核心价值理念内化到中国特色社会主义的宏观与微观制度中,使之在实践中得到真正的贯彻和执行,并内化为各级政府一种常态化的工作理念和作风,唯有如此才能使得社会主义制度具有较强的感召力、吸引力和说服力,才能赢得广大人民群众的长期拥护和支持,才能形成真正引领多样社会思潮的无形的力量。目前我国虽然已经成为世界第二大经济体,但收入差距问题,以及经济生活中与公平、正义不一致的现象还依然存在,所以必须在改革中充分体现公平、正义,逐步改变贫富差距问题。

大力推进诚信制度建设,弘扬社会正气,这是发挥中国特色社会主义制度优势,推进社会主义核心价值观建设的重要途径。党的十八届三中全会提出"建立健全社会征信体系,褒扬诚信,惩戒失信"①的任务,2014 年 7 月,中央精神文明建设指导委员会印发了《社会信用体系建设规划纲要(2014—2020)》,为大力培育和在全社会落实、引导人们自觉践行社会主义核心价值观,提出了《关于推进诚信建设制度化的意见》,阐明了推进诚信建设制度化的重要意义、指导思想和主要原则,指出"加强诚信制度化建设,对于完善社会主义市场经济体制,培育和践行社会主义核心价值观,推进国家治理体系和治理能力现代化,提升国家软实力和整体竞争力,

---

① 《中共中央关于全面深化改革若干重大问题的决定》,人民出版社,2013 年,第 12 页。

具有十分重要的意义"①。提出了建立覆盖全社会的信用信息记录,并且各类社会主体信用状况公开透明、信用信息可以随时核查的共享体系。目的是大力培育国民的诚信理念,通过大力宣传诚实、守信的先进典型,鞭挞失信、败德行为,重点是对企业和公共服务人员进行全面的诚信教育,在全社会形成诚信光荣、失信可耻的社会环境。建立健全激励坚守诚信、坚决惩戒失信的长效机制,有效遏制失信败德、坑蒙拐骗、制假售假等各类丑恶行为,在全社会逐步形成诚信、敬业、友善的社会氛围,以正气压邪气,才能抵御各种不良观念的侵袭。中共中央、国务院印发的《新时代公民道德建设实施纲要》也强调要"构建覆盖全社会的诚信体系,健全守信联合激励和失信联合惩戒机制,开展诚信缺失突出问题专项治理,提高全社会诚信水平"。这将进一步推进诚信制度建设。

中国特色社会主义市场经济显示出发展生产力的巨大活力和动力,充分表明了中国特色社会主义制度的先进性和吸引力,这为引领社会思潮提供了充分的事实依据,也成为广大人民群众自觉抵制各类社会思潮侵袭的重要基石。

三、中国特色社会主义政治制度及其特有的政治资源对以社会主义核心价值体系引领社会思潮的作用

政治制度与民主、自由、法治等价值密切关联。中国特色社会主义政治制度为社会主义核心价值体系引领社会思潮提供合法性

---

① 中央精神文明建设指导委员会:"关于推进诚信建设制度化的意见",《光明日报》,2014 年 8 月 2 日。

和现实依据。《中华人民共和国宪法》是保障民主和自由的根本大法。作为国家根本政治制度的人民代表大会制度是公民行使各项权利的最高组织形式,它所体现的人民性和广泛性是人民民主的前提。中国共产党领导的多党合作和政治协商制度可以更加广泛地集中各党派和各阶层人民的政治诉求和意愿,中国特色社会主义民主是最广大人民的民主,体现了社会主义民主的广泛性。党的十八大提出的加强中国特色社会主义协商民主建设,明确了协商民主的范围,大力推进民主党派、人民团体以及各民族各界人士的协商民主,积极开展基层民主协商,通过协商把民主真正落到实处。党的十九大报告也指出:"加强协商民主制度建设,形成完整的制度程序和参与实践,保证人民在日常政治生活中有广泛持续深入参与的权利。"这些都是中国特色社会主义民主政治建设的集中体现,是保证社会主义核心价值体系落实的重要基础。

公民的权利和自由需要良好的政治制度和完备高效的法制体系作保障。党的十八届三中全会提出的推进国家治理体系和治理能力现代化建设是扩大人民民主的重要途径,党的十八届四中全会作出的关于全面推进依法治国的决定是保证中国特色社会主义市场经济公正、法治的基础和建设社会主义政治文明的重要保证。党的十八大以来,加快推进社会主义民主政治制度化、规范化和程序化,进一步保证人民依法享有广泛的民主权利和自由,保证国家的长治久安、和谐发展。任何社会制度都会运用自身掌控的各类资源为维护自身的存在给出理论依据和现实合法性的论证。以马克思主义为指导的中国共产党作为执政党必须以马克思主义引领社会思潮,以防止反马克思主义思潮对中国特色社会主义制度的攻击和颠覆。世界社会主义运动的曲折历史也充分表明,必须要加强和注重意识形态建设,切实关注各类社会思潮对主流意识形态的冲击。

(一)中国特色社会主义政治制度倡导的民主、自由、平等等价值理念为引领社会思潮提供了现实可能

改革开放以来,我国政治体制改革不断推进,政治制度不断变革和完善,人民民主不断扩大,政治建设成就斐然,这进一步为社会主义核心价值体系引领社会思潮奠定了基础。

制度对一个民族的经济发展和塑造民族性格具有重要作用。早在20世纪80年代中期,邓小平指出:"政治体制改革同经济体制改革应该相互依赖、相互配合。只搞经济体制改革,不搞政治体制改革,经济体制改革也搞不通,因为首先遇到人的障碍……从这个角度来讲,我们所有的改革最终能不能成功,还是决定于政治体制改革。"①因为不搞政治体制改革,就无法解决权力过分集中和由此引发的以权谋私、官僚主义、享乐主义等直接影响到党的执政地位的重大问题。党的十八大以来,以习近平同志为核心的党中央直面问题、坚定反腐的成就提振了全国人民对党的信任和对中国特色社会主义的信心,在全社会传递着弘扬正气、抵制歪风邪气的正能量,这对于抵御各类"抹黑中国"的言论以及各种损害中国形象的歪理邪说都具有非常重要的意义。

我国的实践经验表明制度和法制是保证人民民主健康运行,促进社会快速、健康发展的前提和保障。中国共产党作为执政党,不断推动政治体制改革,党的执政地位才能得到巩固,才能实现长期执政的目标。能够为人民提供自由、民主的中国特色社会主义

---

① 《邓小平文选》(第三卷),人民出版社,1993年,第164页。

政治制度一定能够抵御任何散布普世价值、抛售西方民主等各种社会思潮的干扰和侵蚀。

（二）充分利用中国共产党执政掌握的舆论资源，通过舆论导向实现以社会主义核心价值体系引领社会思潮，加强各类出版机构和宣传媒介的管理

"社会舆论具有一种威力，它可以禁止或者惩罚公民违反道德的行为举止。尽管在某些方面强制的程度不很厉害，但强制力仍然存在。"①首先，要切实提高主流媒体传播主流思想的能力，认真总结我们党有关思想舆论工作的经验和方法，大力拓展传播渠道和传播形式，把人民群众的注意力引导到主流媒体上来，构筑提防各类社会思潮泛滥的群众基础，提高对社会思潮引导的实效。广播、电视、报纸、杂志等传统媒体大多数都由政府部门掌握，这可以成为宣传社会主义核心价值体系的主要阵地，通过大力宣传道德模范、先进人物等各种形式，使广大人民群众成为自觉践行社会主义核心价值观的主体。由中央各大媒体和地方主流媒体开展的"感动中国人物""最美乡村教师""最美乡村医生""最美孝心少年"等各种形式的评选活动，以及反映改革和传播正能量的影视作品，都收到了极其良好的社会效果。同时要加强商业报纸、杂志的管理，防止这些媒体为经济效益传播虚假信息，造成恶劣的社会影响。

（三）要切实加大对互联网及微博、微信等网络传播媒介的管理力度

新世纪以来，网络发展十分迅速，成为传播各种社会思潮的主

---

① ［法］埃米尔·迪尔凯姆著，胡伟译：《社会学方法的规则》，华夏出版社，1999 年，第 5 页。

要载体,且因其传播速度和覆盖范围之大而管理较为困难。人类社会已由工业社会迈进信息社会,信息已经成为继材料、能源之后的又一重要战略资源。互联网正在改变着人们的生产方式、生活方式和学习方式,已经成为推动经济发展和科技教育变革的主要力量,如何实现信息的充分开发和信息技术的广泛应用,既是一个经济问题,又直接影响到国家的政治稳定和社会发展。特别是需要加强对网上虚假信息和毒害青少年的涉黄信息,以及潜入西方价值观的游戏等主要传播形式和渠道的管理,这已经成为党和国家相关部门的重要任务。通过制度约束和加大监管力度,尽可能保证大众媒体和门户网站能够自觉遵守国家的法律法规,及时清除发布的各种虚假和有害信息。"必须健全和完善网络信息传播与管理机制,一方面,完善主流意识形态的导向和控制机制,综合运用法律、行政、经济、技术、教育、行业自律等手段,加强形成依法监管、行业自律、社会监督、规范有序的网络传播秩序;另一方面,通过有效的政策扶持,支持党和国家宣传舆论部门加强网上思想舆论阵地建设和社会主义先进文化建设,积极开发、利用网络宣传的优势,掌握网上舆论主导权,传播先进文化、倡导科学精神、塑造美好家园、弘扬社会正气。"[1]规范互联网信息传播对于引领社会思潮十分必要。一是运用法制手段保证传播媒体成为宣传社会主义核心价值体系的主流阵地,同时保证这些媒介成为应对和引领各种社会思潮,特别是应对反社会主义思潮的主流阵地。二是加强互联网管理的制度化,建立健全各类新闻出版的管理制度,使社

---

① 曾盛聪:"论社会主义核心价值体系引领网络文化的方式与机制",《思想理论教育导刊》,2008年第12期。

会主义核心价值体系成为传播媒体的价值基础,并对此实行思想政治上的引导。三是对各类传播媒体,特别是受众面较广的新闻传播网站进行实时跟踪与监督,发现问题及时解决,以免信息已经大面积传播后才发现与社会主义核心价值体系背道而驰,即使采取措施也无法收回已被大量阅读后产生的后续影响。四是通过完善的法律法规和规章制度规范新闻出版物和新闻从业人员职业道德,防止其中的害群之马成为消极社会思潮和虚假信息的制造者和传播者。

(四)充分发挥中国共产党对意识形态的领导权,使广大共产党员成为践行社会主义核心价值观的榜样和抵制不良社会思潮的先行者,自觉运用马克思主义理论引领各种社会思潮

首先,通过党的组织制度、学习和教育机制,使共产党员在自觉践行社会主义核心价值观方面作出表率。如果中国共产党九千多万党员能够成为社会主义核心价值观的信仰者和行动者,当代中国社会就会筑起一道防御有害思潮侵袭的铜墙铁壁。可以充分运用中国特色社会主义制度和中国共产党执政的制度优势,充分运用中国共产党自身的教育资源和纪律约束机制,使党员成为社会主义核心价值体系的倡导者、践行者、维护者、宣传者,能够把社会主义核心价值观内化于心、外化于行。党的十八大以来,我们党正风肃纪、从严治党,让全国人民看到了中国共产党的决心和能力,党在人民群众心中的威信有了极大提升,党员的模范带头作用日益突显。

(五)充分发挥党报党刊引领社会思潮的独特作用

党报党刊作为马克思主义意识形态建设和维护马克思主义在我国指导地位的重要载体,应该责无旁贷地自觉承担起引领社会

思潮的重大历史任务,不遗余力地传播社会主义核心价值观,成为倡导和推动践行社会主义核心价值观的主要阵地,在引领社会思潮中发挥主导作用。党报党刊比其他任何社会思潮都更直接、更广泛地影响着社会舆论的导向和群众情绪。必须进一步提高党报党刊的权威性和公信力,更好地发挥党报党刊的传统优势,用具有广泛感召力的舆论宣传,引领多样化的社会思潮。党报党刊的优势在于它的权威性,在于信息发布、分析阐释、评价评判的权威性。充分发挥党报党刊的权威性优势,还要着力打造党报党刊的公信力,党报党刊树立权威性,就是要以理性的观察、独特的见解、建设性探讨和权威性解读,立于社会舆论之巅。党报党刊要想真正占领舆论阵地、充分发挥作为党和人民的喉舌作用,还要不断总结经验,不断改进文风、改进空洞说教的面孔,顺应时代潮流,增强文章的趣味性和可读性,适应不同文化层次和不同社会阶层的人阅读,真正深入民心,让广大人民群众真真正正地阅读党报党刊,如此才能不断增强党报党刊引领社会思潮的能力。

当前正值我国改革发展的关键时期,各种社会思潮和思想文化观念相互激荡,直接影响到社会个体价值观的变动,必须不断改革党报党刊的办报、办刊方式,改进八股式的文风和单调的报道方式,要多报道百姓的现实生活,真正做到贴近百姓生活。同时党报党刊还要敢于直面群众关心的重大现实问题和直接关系百姓利益的小事,直面社会矛盾,一些不能及时解决的带有普遍性的社会问题,要及时向广大人民群众解释清楚,以期取得群众的谅解,不给各类虚假报道和非法传播以可乘之机。

四、中国特色社会主义文化制度对以社会主义核心价值体系引领社会思潮的作用

改革开放以来,我国广大人民群众的思想状况发生了巨大变化,人们的思想活动呈现出独立性、多变性和差异性,价值取向日益多样化。随着对外交往范围的不断扩大,各种流派和带有不同价值印记的文化和思潮大量流入国内,并通过各种传播媒介极大地影响着不同群体的价值观念和行为规范,特别是对处在价值观形成阶段的青少年的影响更应引起重视。当前需要大力发挥中国特色社会主义文化制度的优势,通过建构代表先进文化前进方向的中国特色社会主义文化引领人们树立正确的价值观,崇尚先进文化,追求高雅文化,自觉抵制腐朽文化和媚俗之风。通过调整文化产业的具体政策和措施,要大力发展具有积极向上、传播正能量、弘扬社会主义核心价值观的文化产品。

(一)通过制度安排推进马克思主义大众化,这是实现社会主义核心价值体系引领社会思潮的首要前提

要防止消极思潮对广大人民群众思想观念的影响,实现社会主义核心价值体系对社会思潮的成功引领,必须切实推进马克思主义大众化,使广大人民群众真正自觉运用马克思主义的世界观、方法论、价值观分析问题。当马克思主义真正深入人心,成为大多数人的主导价值观时,各种社会思潮就没有立足之地,社会主义核心价值体系就自然实现了对非马克思主义思潮的引领。充分发挥以马克思主义为主流意识形态的制度优势,大力弘扬社会主义核心价值观,以此为基础应对各种思潮的冲击。实现以社会主义核

心价值体系引领社会思潮是一项系统工程,应当充分发挥我国社会主义制度特有的功能,构建引领社会思潮的有效机制。

大力改革思想政治教育的内容、方式和机制。把马克思主义及中国特色社会主义理论体系,特别是习近平新时代中国特色社会主义思想融入国民教育全过程,融入大中小学的思想政治理论课、思想品德课等课程中,体现在学校教育教学和日常管理的各个环节,真正做到进教材、进课堂、进学生头脑,使学生由感性到理性、由浅入深。学习马克思主义,培养青少年对马克思主义的真兴趣,而不是仅仅满足于编了多少教材,设置了多少课时。我国教育体系中已经有了比较完整的思想政治教育系统、教材以及教师队伍,但思想政治教育仍存在不足。要把社会主义核心价值体系切实融入大学教育体系和文化建设的全过程,要把社会主义核心价值体系切实转化为人民群众的自觉追求和行为准则。解决好社会主义核心价值体系的融入和转化问题是实现引领社会思潮的基础。

(二)加强社会主义核心价值体系引领社会思潮的理论队伍建设

这支理论队伍包含两部分,一是"引领"的组织、领导者既要对马克思主义和中国特色社会主义有着深刻的认识和坚定的信仰,又要有较高的理论水平,这样才能保证有效的引领。否则,这些人对马克思主义和中国特色社会主义如果只是一知半解,引领最终会成为泡影。二是"引领"的研究者,要首先保证这个群体具有坚定的马克思主义信仰和扎实的马克思主义理论基础。他们面对各种社会思潮时,能够运用马克思主义的立场、观点和方法去应对和甄别这些社会思潮的价值指向、可能产生的社会影响,并在此基础上对这些社会思潮的影响或攻击或责难作出深层的、具有说服力的理论应对和实践解说。不能把引领仅仅停留在对社会思潮的无理论深度的否定上。加强这支队伍的建设对于掌握意识形态的领导权、主动权、话语权具有重要的意义。

（三）注重榜样的力量

通过大力弘扬道德模范人物的先进事迹,通过体现社会主义核心价值体系的影视作品等多种途径,实现人民群众对社会主义核心价值体系的认同和自觉践行。通过各种舆论媒介贬抑各种违反社会主义核心价值观的行为,让那些违反道德规范的人受到社会正义的谴责,让广大人民群众明了应遵守和倡导何种价值和道德规范。

（四）高度重视对青少年进行社会主义核心价值观教育和引导

青年是社会的未来和希望,正如习近平总书记 2014 年 5 月 4 日在北京大学与师生座谈时指出"青年的价值取向决定了未来整个社会的价值取向,而青年又处在价值观形成和确立的时期,抓好这一时期的价值观养成十分重要。这就像穿衣服扣扣子一样,如果第一粒扣子扣错了,剩余的扣子都会扣错。人生的扣子从一开始就要扣好"[①]。受到各种社会思潮影响最大的是青少年,特别是处于思想活跃、精力充沛、极易接受新鲜事物的大学生是受各种社会思潮影响最大的群体。因此充分利用制度优势,开展培育和践行社会主义核心价值观教育,并将"倡导富强、民主、文明、和谐,倡导自由、平等、公正、法治,倡导爱国、敬业、诚信、友善"的社会主义

---

① 习近平:"青年要自觉践行社会主义核心价值观——在北京大学师生座谈会上的讲话",《光明日报》,2014 年 5 月 5 日。

核心价值观,贯彻落实到思想政治教育乃至人文社会科学教育的全过程。通过高等教育制度,加强和创新大学生马克思主义理想信念教育,这是引领和应对社会思潮的重要内容,坚定的信仰是应对各种社会思潮冲击的最重要的根基。

(五)建立多层级的分析预测和适时应对机制

由于社会思潮的复杂性、多样性、隐蔽性,以及传播渠道的不可预测性,为了最大限度地防止错误思潮的形成,防止错误思潮对我国主流意识形态的冲击,必须对可能出现的社会思潮作出前瞻性的预测,以防患于未然。① 市场经济体制特有的变革动力也为各种社会思潮的传播提供了土壤,市场经济由于竞争而引发的求新、求变的内在要求,而这种不断变革的市场行为引发的快速的社会变动又刺激各种新观念、新思潮的产生或引入,这就需要建立一个密切联系市场变化的社会思潮预测机制,及时预测和发现由于市场、社会环境等变化引发的各类思潮的出现和发展趋势,以及由此可能带来的影响,据此制定出引导思潮切实可行的方案,及时进行疏通和引导,引领社会思潮健康发展。

(六)不断深化文化体制改革,健全文化法规政策体制

一是文化体制改革必须规制文化生产的政治方向,要充分体现社会主义核心价值体系。二是全面推进公共文化服务体系建设,通过为广大人民群众提供高质量的文化产品,潜移默化地引导其自觉践行社会主义核心价值观,逐步形成抵制各种社会思潮的强大的社会力量。通过文化体制改革和文化政策法规的不断完

---

① 张峰:"马克思主义引领当代中国多元社会思潮的路径和机制",《深圳大学学报(人文社会科学版)》,2010 年第 3 期。

善,引导文化创新,提高文化产品的质量和影响力,为引领社会思潮提供重要的群众基础。

总之,要通过文化体制改革不断完善并充分发挥中国特色社会主义文化制度在引领社会思潮中的基础作用。

五、建立社会思潮跟踪研究机制,及时掌握各种社会思潮的传播动向

要想实现社会主义核心价值体系对多样化社会思潮真正和长期有效的引领,应避免当发现某社会思潮已经对我国社会的某个方面或某一群体产生影响时难以应对。所以应建立社会思潮跟踪研究专门机制,及时对各种社会思潮的传播路径、受众群体、附着的社会问题、价值内核等作出研判和评估,并及时采取切实可行的应对措施。

(一)通过建立社会思潮跟踪研究机制,组织专门的理论队伍,及时掌握各种社会思潮在各社会群体中的传播渠道和影响的程度,形成稳固的长效预防和引领机制

只有及时、全面掌握各种社会思潮的动态,才能及时进行防范和引领。中国特色新型智库建设不仅要为经济建设提供重要的决策依据和智力支持,也要下大力量关注社会思潮问题,为加强意识形态建设和社会主义核心价值体系引领社会思潮提供更具可操作性的理论成果。

随着我国社会主义市场经济体制改革的不断深入,大量国外社会思潮附着在经济交往、文化交流等活动中会不断地传入我国,特别是互联网和微博、微信等方便、快捷的交流工具,使得管理部

门对各类社会思潮的传播和作用范围的掌控难度不断加大,如果仅凭随机发现情况再采取措施,可能已经晚了。因为小规模的传播和影响不易发现,一经发现问题就变得复杂,甚至局面难以控制,所以要充分运用党和政府的执政资源和制度优势建立专门机制,根据各类社会思潮的特点及其作用的不同群体及时提出应对措施,事前提出具有可操作性的引领措施,避免措手不及。

对待各种社会思潮应以社会主义核心价值体系的引领为主,而不能简单否定。简单否定不仅不能消除某些社会思潮对我国马克思主义的指导地位和党的执政地位的影响,反而会以其不能服众而引起反感。因此应切实跟踪研究当今我国社会中流行的主要社会思潮及其主要传播渠道,厘清各类社会思潮的价值本质和精神实质,并提出可行的应对和引领措施。

(二)组织理论工作者开展社会主义核心价值体系与主要社会思潮的深层对话和思想碰撞,以此为前提,在理论上提出社会主义核心价值体系引领社会思潮的依据和具体措施

当下对社会思潮的研究主要集中在对各种社会思潮的经济和政治主张的剖析,未能深入到社会思潮的哲学和价值观进行深层研究,在这样的理论前提下提出的引领措施不易付诸现实。

社会主义核心价值体系引领社会思潮应是针对不同社会群体和受众群体的引领,特别是如何应对那些受各种社会思潮影响较深的知识分子,如果不能在理论上应对他们的观点,那么引领将会落空。马克思主义以其科学的方法论对资本主义现实的深刻批判彰显其科学性和真理性,这是马克思主义大众化的前提,也是马克思主义可以引领各种社会思潮的基本前提。

（三）通过专门的研究，全面实现马克思主义与当代主要社会思潮的深层次对话

社会管理制度创新和生态文明制度建设也可以为社会主义核心价值体系引领社会思潮提供必要的保证。一是通过不断推进社会体制管理创新，建立覆盖全体公民的社会保障体系，增强公平性，坚持公平与效率、权利与义务的统一，着力缩小城乡居民社会保障标准的差异和地区差异，健全基本公共服务和社会管理网络化，逐步实现公共服务均等化，保障每一个社会成员都能享受到改革开放的成果。通过改革不断完善各级社会组织的社会服务和自我管理、自我教育、自我监督的各种功能，充分发挥城乡社区的服务功能以及调动社会各方面的力量，使整个社会更加和谐。二是加强生态文明制度建设，通过建立严格的耕地保护制度、水资源管理制度、环境保护制度以及生态补偿制度等，增强全民生态意识、节约意识、环保意识，形成合理且可持续的消费意识和生活方式，为美丽中国建设提供制度保证，为人民构建健康幸福的生态环境。

总而言之，要实现社会主义核心价值体系对各种社会思潮的引领，就要充分发挥中国特色社会主义制度的优势，持续大力开展社会主义核心价值体系研究，不断提高以社会主义核心价值体系引领社会思潮的能力，坚持以创新的马克思主义巩固我国的主流意识形态阵地。通过深入研究和比较，寻找社会主义核心价值体系的理论和现实优势，最终真正实现从理论上、内涵优势上的引领，真正彰显社会主义核心价值体系的理论和现实价值，为坚定中国特色社会主义制度自信提供强有力的理论支持，为社会主义核心价值体系引领各种社会思潮提供有力的保障。

参考文献

1.《马克思恩格斯选集》(第一卷),人民出版社,1995 年。

2.《马克思恩格斯选集》(第三卷),人民出版社,1995 年。

3.《马克思恩格斯文集》(第十卷),人民出版社,2009 年。

4.《马克思恩格斯全集》(第 1 卷),人民出版社,1995 年。

5.《列宁全集》(第 25 卷),人民出版社,1988 年。

6.《普列汉诺夫哲学著作选集》(第二卷),生活·读书·新知三联书店,1961 年。

7. 梁启超:《清代学术概论》,中华书局,1954 年。

8. 贺麟:《五十年来的中国哲学》,辽宁教育出版社,1989 年。

9. 喻国明、刘夏阳:《中国民意研究》,中国人民大学出版社,1993 年。

10. 朱义禄、张劲:《中国近现代政治思潮研究》,上海社会科学院出版社,1998 年。

11. 刘建明:《社会舆论原理》,华夏出版社,2002 年。

12. 施惠玲:《制度伦理研究论纲》,北京师范大学出版社,2003 年。

13. 李秀林等:《辩证唯物主义和历史唯物主义原理》(第五版),中国人民大学出版社,2004 年。

14. 马立诚:《当代中国八种社会思潮》,社会科学文献出版社,2012 年。

15. 张骥:《马克思主义意识形态引领多样化社会思潮若干问题研究》,人民出版社,2013 年。

16. 徐惟诚、张博颖:《和谐社会与社会公正问题研究》,人民出版社,2014 年。

17. [美]E. 希尔斯著,付铿、吕乐译:《论传统》,上海人民出版社,1991 年。

18. [英]M. J. C. 维尔著,苏力译:《宪政与分权》,生活·读书·新知三联书店,1997 年。

19. 张博颖:"以社会主义核心价值体系引领当代社会思潮",《伦理学研究》,2007 年第 4 期。

20. 沈卫星:"挑战社会主义核心价值体系的主要社会思潮",《中国青年研究》,2008 年第 11 期。

21. 李秀娟:"传统道德文化现象践行的榜样示范",《中南大学学报》,2012 年第 2 期。

22. 石平:"警惕网络负能量",《求是》,2013 年第 12 期。

23. 张建云:"马克思主义'价值观'范畴的深层解读",《学术论坛》,2017 年第 1 期。

后 记

　　本书是本人主持的中宣部"四个一批"人才自选课题成果。本人拟定写作思路、提纲框架、各章节标题,并与各章作者进行商议、沟通。具体分工如下:张博颖撰写第一章,社会主义核心价值体系若干基本问题;天津师范大学马克思主义学院院长、教授杨仁忠撰写第二章,当代中国社会思潮相关问题;张博颖,天津社会科学院马克思主义所所长、副研究员苗伟撰写第三章,社会主义核心价值体系与社会思潮的关系;天津社会科学院马克思主义所副研究员李少斐撰写第四章,教育、精神文明、党的建设对引领社会思潮的作用;天津工业大学马克思主义学院副教授刘孜勤撰写第五章,榜样示范对于社会主义核心价值体系引领社会思潮的作用;天津师范大学政治与行政学院教授冯宏良撰写第六章,舆论引导对于社会主义核心价值体系引领社会思潮的作用;天津师范大学政治与行政学院教授王力撰写第七章,社会主义核心价值体系引领社会思潮的制度与机制保障。

　　在课题研究与写作过程中,清华大学马克思主义学院吴潜涛教授、戴木才教授提出了很好的意见、建议,对我们的研究颇具启发。天津人民出版社社长刘庆、总编王康、副总编兼责编杨舒对本书的出版给予了大力支持。天津师范大学博士生崔洁做了大量编务工作。在此向他们表示衷心感谢！

由于我们学识水平有限，书中不妥之处在所难免，敬请读者批评指正。

张博颖

2019 年 12 月